AF586040

NOTICE

SUR LA VIE

De A. L. H. d'AGUESSEAU, Duchesse d'AYEN, par Madame de la FAYETTE, sa Fille.

Imprimée par G. E. J. MONTMORENCY ALBERT-LUYNES.

A DAMPIERRE,

An IX. (1800.)

NOTICE

SUR LA VIE

De A. I. H. d'AGUESSEAU, Duchesse d'AYEN, par Madame de la FAYETTE, sa Fille.

ANNE-LOUISE-HENRIETTE d'AGUESSEAU, ma mère, naquit le 12 Février, 1737. Mme de Fresnes sa mère étant morte peu de jours après l'avoir mise au monde, son père, fils du Chancelier d'Aguesseau, la remit aux soins d'une nourrice avec qui elle fut envoyée, dès l'âge de trois ans, au couvent de la Visitation de Saint-Denis, et confiée particulièrement à Mme d'Héricourt, Religieuse de cette maison, personne d'un esprit et d'un mérite distingués et qui réunissoit des talens rares pour l'éducation. Elle savoit surtout présenter à ses élèves tous les charmes de la vertu ; le cœur de ma mère étoit fait pour elle : ce fut dès sa plus tendre enfance qu'elle s'y attacha, avec cette droiture et cette force qui furent son caractère distinctif ; tellement qu'avec un esprit incertain, quoique supérieur, avec une grande facilité physique et morale à se troubler et à s'effrayer dans plusieurs circonstances, il n'en est aucune où l'on n'ait pu voir que toutes ces inquiétudes et ces troubles se rapportoient à un seul objet qui dominoit tous les autres ; et je dirai en un mot qu'on a pu toujours lui appliquer ces paroles du Psaume 118 : *Mon cœur n'a jamais eu d'autre crainte que de manquer à votre loi.* Tel est, mon Dieu, l'abrégé des dispositions de ma mère : vous les aviez formées en elle, vous les avez couronnées, et cette justice éternelle qui n'est autre chose que vous même, remplit à présent tous les desirs de son cœur, suivant cette promesse de JÉSUS CHRIST : *Heureux ceux qui sont affamés et altérés de la justice, parce qu'ils en seront rassasiés.*

Dès ses premières années, la solidité de

son esprit se joignoit à la droiture de son cœur, pour donner d'excellentes bases à son instruction. Toutes les impressions qu'elle recevoit étoient sérieuses et réelles. Un Livre des Pères du Désert étant tombé dans ses mains, lorsqu'elle n'avoit guère que cinq ans, au lieu de s'amuser de toutes ces visions, il n'en résulta, pour elle, que la frayeur d'en avoir de pareilles, si elle devenoit une trop grande Sainte, et elle se reprochoit cette pusillanimité. On peut juger par les réponses de son grand père, le Chancelier d'Aguesseau, de quelle manière elle s'occupoit, à cet âge même, de lectures sérieuses. Je sais malheureusement peu de traits de cette époque de sa vie; mais le peu que j'en ai recueilli me fait voir que, dès ce temps, chercher Dieu et sa Justice, étoit sa première affaire, qu'aucune petitesse de Couvent n'entroit dans sa piété, mais qu'une fidélité scrupuleuse à ses devoirs en étoit la base. Comme elle avoit, très-jeune, une faculté d'application très-forte, elle aimoit beaucoup le jeu des échecs ; mais s'étant apperçue qu'il l'occupoit long-temps après la partie finie, et que, quand elle y jouoit le Samedi, elle avoit beaucoup de distractions à la Messe le Dimanche, elle ne voulut plus jouer aux échecs le Samedi.

A quatorze ans, Monsieur son père la retira du Couvent, et elle vécut dans la maison paternelle, avec Mme de Fresnes, sa belle-mère qui s'attacha tendrement à elle : ce sentiment fut réciproque. Une femme d'un grand mérite, Mademoiselle Aufroy que ses parens mirent auprès d'elle, devint sa plus tendre et sa plus constante amie ; elle en étoit digne.

Pendant l'intervalle de temps que ma mère passa dans la maison de son père, depuis sa sortie du couvent, jusqu'à son mariage, Monsieur Dupré, son grand père maternel, mourut et lui laissa une très-grande fortune. Le seul sentiment que lui causa la vue de tant de richesses, fut l'effroi. Elle forma les vœux les plus sincères, pour que ces biens fussent chargés d'assez de legs pour les diminuer. Ce sentiment si vrai, comme l'étoient tous ceux de ma mère, ne fut pas seulement celui de sa jeunesse; mais celui de toute sa vie, ayant toujours regardé les richesses comme un fardeau; c'est avec la simplicité d'un enfant, qu'elle n'a jamais pu se persuader qu'elles fissent une partie tant soit peu considérable du bonheur; c'est avec la droiture d'un fidèle disciple de l'Evangile, qu'elle n'a jamais cru pouvoir en disposer à sa fantaisie, mais toujours uniquement en suivant les desseins et les ordres du Souverain Distributeur des biens de la vie; aimant bien mieux avoir l'économie des autres dons de sa libéralité, que de celui-là.

Quelques détails qui me sont parvenus des quatre années qu'elle passa dans la maison paternelle, me prouvent que, tandis qu'elle travailloit à son instruction en plus d'un genre, tandis qu'elle s'affermissoit dans la vertu chrétienne et profitoit des leçons du célèbre Curé de Saint Paul M. . . . son Confesseur, qui l'aimoit paternellement et l'avoit bien jugée, vivant dans une maison très-sérieuse et loin de tous les divertissemens, la gaieté franche de son caratère lui faisoit trouver un grand plaisir à tous les objets nouveaux et elle y faisoit, de toutes manières, le bonheur de sa famille.

Je n'ai pas non plus beaucoup de particularités sur le temps de son mariage avec mon père qui, quoique plus jeune qu'elle de deux ans, lui inspira le goût le plus vif et le sentiment le plus tendre. Il s'y joignit bientôt cette douce et profonde estime que la parfaite conformité d'élévation dans les sentimens, de générosité dans le caractère, de droiture dans les vues et dans toute la conduite a rendu si constamment mutuelle, et dont nous avons tous recueilli les heureux effets, dans toutes les circonstances décisives pour le bonheur de notre vie.

Ma mère vint s'établir à l'Hôtel de Noailles où les enfans de notre grand père Adrien Maurice se rassembloient autour de lui. Par une suite de la vie retirée que menoit sa belle-mère, elle n'étoit pas plus dans le monde

monde qu'avant son mariage ; seulement à l'époque de sa présentation, on la conduisit à Versailles.

Au bout de deux ans, elle eut son premier enfant qui fut un garçon. C'étoit surtout pour être mère que Dieu l'avoit formée ; ainsi le jugeront non-seulement celles qui, dans l'abyme de la plus profonde douleur, sentiront à tous les momens le bien attaché à cet heureux titre de ses enfans, mais encore tous ceux qui l'ont connue. Le vivacité de sa première passion maternelle fut au-dessus de tout ce qu'on peut imaginer. Elle perdit ce fils au bout d'un an. Il mourut d'une maladie qui ne dura que vingt-quatre heures. La douleur de ma mère fut proportionnée à sa tendresse ; soutenue uniquement par la foi et la vue du bonheur éternel de son enfant, elle étoit tellement absorbée dans cet objet, qu'elle se surprenoit souvent, m'a-t-elle dit, à croire qu'il n'y avoit pas de plus grand Saint dans le Ciel.

Un an après cette perte, c'est-à-dire, le

11 Novembre, 1758, elle mit au monde son second enfant ; c'étoit une fille, (la Vicomtesse de Noailles) celle qui, après avoir été la consolation de sa vie, a consommé, près d'elle et avec elle, ce sacrifice dont l'horreur n'est surpassée que par la générosité des victimes, et pour lequel ses forces furent aidées par le courage inimitable de l'Ange qu'elle-même avoit formé : je reviens à sa naissance. Que ne nous est-il possible de tout recueillir des précieuses années de l'une et de l'autre ! La douleur vive et profonde que ma mère avoit sentie de la mort de son fils, lui avoit fait perdre la première fleur du sentiment maternel. Elle fut quelque temps avant d'éprouver combien cette enfant lui étoit chère. De très-vives inquiétudes qu'elle lui donna pendant le temps de sa dentition, ne le lui firent que trop bien connoître : elle pensa devenir folle de douleur ; mais le Ciel lui rendit sa fille ; je naquis un an après, et nous fûmes toutes deux les premiers objets de ses sollicitudes maternelles. L'année suivante, ma mère accoucha

encore d'une fille, avec des accidens qui la mirent elle et son enfant dans quelque danger. Son occupation touchante des inquiétudes de mon père, de Mademoiselle Aufroy, de tout ce qui l'aimoit, pénétra de sensibilité tous ceux qui en furent témoins. Son courage et sa présence d'esprit, obtinrent du Ciel, et contribuèrent à procurer à son enfant le don inestimable du Baptême ; et cette idée adoucit beaucoup, pour ma mère, la douleur de l'avoir perdue une heure après sa naissance. Elle fut ensuite trois ans sans avoir d'enfans : puis, en 1763, elle eut encore une fille, Mme de Thesan, dont la mort fut le premier de nos malheurs. En 1766 et 1767, ma mère eut encore deux autres filles, Pauline et Rosalie qui, habitant ensemble, en esprit, les demeures célestes, existent pourtant encore l'une et l'autre dans cette vallée de larmes, et jouissent du bonheur de se revoir avant le grand jour de l'éternité.

Il est facile de juger que mon père et toute la famille désiroient beaucoup d'avoir un garçon ; mais la sensibilité et la délicatesse de mon père ne lui permettoient de s'occuper que de la santé de ma mère pendant ses couches, et il cherchoit toujours à lui persuader que cela lui étoit égal. Pour elle, elle eût vivement désiré de lui donner un fils et de voir cette satisfaction à sa famille ; mais accoutumée à tout rapporter à de plus hautes considérations, elle voyoit, dans cette disposition de la Providence, des facilités de plus pour élever selon Dieu et conduire à Dieu les enfans qu'il lui donnoit en dépôt, et trouvoit dans cette pensée une consolation surabondante ; et tandis qu'à l'exemple des femmes des Patriarches, loin de murmurer d'une fécondité qui ne laissoit pas un moment de repos à sa santé, elle bénissoit Dieu de l'accroissement si multiplié de sa famille, le regardoit comme une faveur du Ciel, comme un moyen de resserrer les liens précieux de l'union conjugale, et recevoit chaque nouvel enfant avec de nouvelles actions de grâces ; comme chrétienne, elle épuroit encore ces sentimens par des vues plus surnaturelles. C'étoit en esprit et en vérité qu'elle éprouvoit tout de nouveau la vivacité du sentiment maternel, lorsqu'on lui ramenoit ses enfans du Baptême; c'étoit de toute la ferveur de son âme, de toute la force de sa volonté qu'elle les offroit à Dieu; et il commençoit à récompenser ce vœu si ardent et si sincère, par la confiance intime qu'il lui inspiroit déjà de pouvoir dire un jour, à l'exemple J. C.: *Je n'ai perdu aucun de ceux que vous m'avez donnés* Je reviendrai sur cet objet. Nous, ses enfans, nous devons regarder ces admirables dispositions de ma mère, comme la première Miséricorde de Dieu sur nous.

Les sentimens de ma mère étoient trop vrais, ses résolutions trop fortes, pour que toutes ses actions n'en fussent pas la conséquence la plus parfaite. On peut donc juger de ses soins dès notre berceau, et du but auquel elle les rapportoit constamment. Nous étions la plus tendre affection de son cœur et le premier objet de ses devoirs. A cette vive impulsion du cœur le plus maternel qui fut jamais, se joignoit cette disposition si fortement enracinée dans son cœur, de faire la volonté de Dieu et d'accomplir son œuvre. Tout étoit donc réuni pour nous : toutes ses facultés étoient employées à ce qui pouvoit faire notre bien et préparer notre bonheur, la sollicitude et toute la prévoyance de son esprit, à détourner ce qui pouvoit nous nuire ; sa pénétration, à discerner nos caractères (et dès notre plus tendre enfance, elle les étudioit de manière à influer sur chacune de nous, à l'élever et à la conduire d'une façon qui lui fût propre) la droiture et la force de son esprit, à écarter de notre éducation toutes les puérilités, et à nous accoutumer dès l'enfance à raisonner droit et juste, en éloignant une foule d'illusions ; sa vive tendresse pour nous, à cimenter notre union mutuelle ; enfin sa douce éloquence, fortifiée par son exemple, à nous faire connoître la vertu et la vertu chrétienne, c'est-à-dire, le principe, les secours et la récompense de la vertu.

Nous fûmes toutes nourries dans la maison et sous les yeux de ma mère. La nourrice qui l'avoit élevée fut chargée de nous donner tous les soins physiques et moraux dont le premier âge a besoin. Quoiqu'elle eût reçu une première éducation assez grossière, cette excellente femme avoit un talent extraordinaire pour l'éducation des petits enfans, et le temps qu'elle avoit passé au Couvent près de Mme d'Héricourt avoit développé cette disposition naturelle. Personne ne possédoit comme Mme Toussaints (c'étoit le nom de notre Bonne) le talent, non-seulement d'attirer à elle le cœur des enfans qui lui étoient confiés, mais aussi de les intéresser à ce qu'elle leur apprenoit, de leur faire goûter ce qu'elle étoit chargée de leur enseigner.

Jamais elle n'avoit besoin de recourir aux contes de fées, aux revenans et autres absurdités de cette espèce pour amuser les enfans. Une histoire de l'Ancien-Testament, une aventure de petites filles du

Couvent où elle avoit été avec ma mère, une bonne action vraie et simple étoit racontée par elle avec une grâce si appropriée au goût des enfans, et accompagnée de réflexions si touchantes et si fort à leur portée, qu'elle les charmoit toujours et remplissoit ainsi les intentions de ma mère qui a toujours voulu non-seulement ne nous enseigner que le vrai, mais même n'employer, pour nous l'enseigner, que des moyens droits et simples, éloignés de toutes les petites charlatanneries d'usage avec les enfans.

Nous passions tous les jours plusieurs heures chez ma mère; on lui rendoit un compte fidèle de notre journée. Nous lui répétions ce que nous avions appris; nous lui racontions ce qu'on nous avoit raconté à nous-mêmes, et ma mère rapprochant nos progrès et les vertus qu'elle vouloit nous donner, cherchoit tous les moyens de nous les rendre propres, d'abord en nous les faisant comprendre, puis en nous enseignant à les pratiquer. Avec ce genre d'esprit

prit solide et substantiel que Dieu lui avoit donné à un degré si rare, elle travailloit de toute sa tendresse maternelle à mettre la vérité à notre portée ; mais surtout elle travailloit à rendre nos esprits capables, et nos cœurs dignes de la vérité. Elle vouloit que tout ce qui frappoit nos yeux présentât un ensemble : les principes, la morale, l'histoire des faits, les exemples et la manière d'en profiter, tout étoit lié et suivi dans ses leçons, comme dans les desseins de Dieu, si j'ose m'exprimer ainsi ; et dès la plus tendre enfance, elle nous apprenoit déjà à ne pas nous conduire par fantaisie, mais à goûter, dans l'exercice de nos devoirs et même dans les jeux de notre âge, le plaisir d'être dans l'ordre et sous les yeux de Dieu. Que ne puis-je conduire encore mes enfans près d'elle ! ce seroit la seule manière de leur faire connoître cette éloquence vraiment maternelle, qu'elle employoit à graver dans nos cœurs les grandes vérités de la Religion, à nous montrer nos fautes et les moyens de les réparer. Il n'y avoit rien d'absolu dans sa manière d'enseigner, de corriger ou de conduire ; elle croyoit n'avoir rien fait, quand elle n'avoit pas convaincu l'enfant à qui elle parloit, et quoique naturellement paresseuse, quoique d'un caractère très-impatient, et peut-être trop peu accoutumée à en réprimer la vivacité, elle écoutoit tous les raisonnemens de ses enfans avec une bonté persévérante. Son éloignement pour toute plaisanterie, pour toute charlatanerie lui en donnoit peut être un peu trop pour la méthode ; ce qui ne nuisoit jamais à la clarté et à l'ordre de ses instructions, mais quelquefois au bon emploi du temps. Elle remarquoit aussi que nous en éprouvions un autre inconvénient, et que nous étions bien moins dociles que d'autres enfans : „ Cela „ peut bien être, maman, lui répondois-je, „ parce que vous nous permettez les rai„ sonnemens et les objections ; mais vous „ verrez aussi qu'à 15 ans, nous serons „ plus dociles que les autres. "

Nous apprîmes d'abord le petit Catéchisme de Fleury, puis le grand Catéchisme du même Auteur, ensuite l'Évangile. Nos lectures étoient l'Ancien Testament abrégé de Mésanguy, le Magazin des Enfans, des Élémens de Géographie qu'on nous faisoit en même-temps étudier sur la Carte, l'Histoire Ancienne de Mr. Rollin, et en conversation nous apprenions quelques Contes de la Mythologie. Ma mère lisoit aussi avec nous et nous faisoit lire les plus beaux morceaux des chefs-d'œuvres des Poëtes, les plus belles Pièces de Corneille, Racine et Voltaire. Elle nous faisoit dicter des lettres, même avant que nous sussions écrire.

En 1768, ma mère tomba malade à la fin d'une grossesse, et se trouvant dans un état qui lui donnoit de l'inquiétude, elle ne pouvoit, m'a-t-elle dit depuis, supporter l'idée de nous laisser si jeunes sans elle. Une personne de confiance à qui elle communiquoit cette cruelle angoisse, lui ayant répondu : » Est-ce que vous vous croyez né- » cessaire à Dieu? n'a-t-il pas d'autres

„ moyens que vous pour les sauver ? “ Elle fut ranimée par cette pensée, et reprit courage. La petite vérole se déclara au moment où elle accoucha d'un fils désiré depuis si long-temps : elle ignoroit quelle étoit sa maladie ; mais se sentant horriblement souffrante, comme on vint lui apprendre que son enfant étoit un garçon, elle dit à Mademoiselle Aufroy, sa fidèle amie : „ Ce „ présent du Ciel n'est pas effrayant ; il „ n'est pas fait à un Juif, mais à un Chré„ tien ; il est accompagné de la Croix. “ La joie de mon père fut à peine sensible : ses inquiétudes, ses soins pour ma mère l'occupoient tout entier. Il crut nécessaire de la tromper sur la nature de sa maladie ; et avec une générosité que nous bénirons à jamais, il nous fit entrer chez ma mère qui nous avoit demandées, quoique je n'eusse pas eu la petite vérole, afin de la mieux tromper. Celle de ma mère fut très-heureuse, quoique très-abondante ; elle eut cependant une convalescence pénible, mais pendant laquelle tout ce qu'on lui racontoit chaque jour des alarmes de mon père pendant son danger, et tous les témoignages présens de sa tendresse lui faisoient éprouver des sentimens fort doux.

On attendit que ma mère fût tout-à-fait hors d'affaire, pour nous dire de quel malheur nous avions été menacées. La vive émotion de nos cœurs m'est encore présente; mais l'idée du danger de la mort est ce qui approche le moins de l'imagination des enfans; et je me rappelle, comme une émotion plus vive et plus profonde encore, le moment où nous revîmes toutes du jardin, à travers les vîtres de sa fenêtre, ma mère défigurée comme on l'est quinze jours après la petite vérole. Il n'est aucun des malheurs arrivés depuis qui efface le souvenir de notre douleur à toutes, et de la mienne en particulier, à l'idée de ne plus revoir ma mère telle qu'elle étoit auparavant. Il est aisé d'imaginer quel étoit son attendrissement à cette scène touchante et en revoyant les enfans à qui elle étoit rendue.

Plusieurs émotions douloureuses se succédèrent, Mme de Saron, sœur de ma mère, et qu'elle aimoit tendrement, n'avoit pas eu la petite verole. Son mari l'avoit empêchée d'entrer dans sa chambre; mais elle venoit sans cesse dans la pièce voisine, et gagna cette maladie. Quoique ma mère ne l'ait appris qu'après le danger passé, il est facile de juger ce qu'elle éprouva dans cette occasion. La petite vérole que je gagnai aussi ne se déclara qu'au bout de six semaines, dans le moment où l'on préparoit à ma mère, à Saint-Germain, des fêtes pour son rétablissement et pour la naissance de son fils. Ma sœur aînée tomba malade, et ma mère partageoit entre nous ses soins, souffrant elle-même cruellement de douleurs d'entrailles très-aigues auxquelles elle étoit sujette. Cependant toutes ces épreuves furent passagères; ma petite vérole fut douce et heureuse; tout le monde se rétablit, et il ne resta de tant d'angoisses que la confirmation de cette parole de ma mère, que le présent que Dieu lui avoit fait, en lui donnant un fils, étoit sanctifié par la Croix.

Ce nouvel enfant qui ne pouvoit encore l'entendre, étoit pourtant déjà l'objet de ses sollicitudes maternelles; et pendant que mon père, avec cette délicatesse qui lui est propre, s'occupoit sans cesse des moyens à prendre pour qu'il ne fit pas trop de tort à ses filles, sous le rapport de la fortune, ma mère, tremblant à la vue des dangers qui menaceroient un jour son innocence, l'offroit à Dieu sans réserve. Un jour, le Jeudi Saint, qu'elle revenoit de prier Dieu au Tombeau, elle dit à Mademoiselle Aufroy: „ Je viens de tuer mon fils, et j'ai bien un „ peu de crainte pour mes filles. Si quel- „ qu'un de mes enfans tombe malade, j'au- „ rai bien peur: je les ai tous offerts à „ Dieu, afin qu'il me les rende pour l'éter- „ nité. J'espère cependant qu'il me laissera „ mes filles; mais je crois qu'il a accepté „ mon fils, et que je ne le conserverai pas. “ Cette impression fut si profonde dans le cœur de ma mère, que, pendant une maladie de langueur très-longue qu'eut mon frère, ma mère n'espéra presque pas un seul moment des soins et des ressources, des consultations et des remèdes que son ingénieuse tendresse lui faisoit multiplier pour ses enfans, lorsqu'ils étoient malades, et qui le furent d'autant plus pour mon frère, que sa maladie fut lente et compliquée : il mourut enfin à l'âge de vingt mois. Ma mère le tenant encore dans ses bras, pendant qu'il étoit à l'agonie, lui disoit du fond du cœur, avec ce sentiment si profondément maternel : „ Vous avez, mon cher enfant, „ remporté le prix de la victoire : rien ne „ pourra nous séparer, ni nous arracher „ l'un à l'autre pour l'éternité. " De telles vues fortifièrent son courage dans la douleur de cette perte.

Cet enfant fut le dernier de ceux de ma mère qui, à cette époque avoit cinq filles l'aînée âgée de dix ans, et la plus jeune de trois. Il falloit partager ses soins entre cette nombreuse famille. Il y avoit déjà un an qu'elle avoit donné une gouvernante aux deux aînées, les talens de Mme Toussaints n'étant plus propres à leur âge. Cette première

mière Gouvernante fut Mlle Voyenne ; c'étoit une excellente personne, avec beaucoup d'instruction et de fort bonnes qualités ; mais ma mère voyant que ce fatras de connoissances, avec très-peu d'esprit, ne pouvoit l'aider à former le nôtre d'une manière assez solide, tout en rendant à Mademoiselle Voyenne la justice qu'elle méritoit, ne la laissa que quinze mois avec nous, et nous donna à sa place Mademoiselle Marin dont la dévouement, les talens et les soins constans obtinrent sa confiance, et dont les droits à notre reconnoissance et à notre tendre attachement se sont, depuis vingt-sept ans, multipliés de jour en jour. Ce n'est pas ici le lieu de parler en particulier de ce que je lui dois, pour moi et pour mes enfans, de ce qu il m'est si précieux de rapprocher, et qui est si profondément gravé dans mon cœur.

Depuis que nous avions une Gouvernante, ma mère lui avoit laissé le soin de plusieurs parties de notre éducation, comme de nous apprendre la Géographie, la Sphère, la Grammaire, celui de revoir avant elle les extraits que nous faisions de l'Histoire, de nous faire répéter ce que nous apprenions par cœur, le Catéchisme de Montpellier, etc. qu'on nous faisoit apprendre alors, enfin d'assister aux leçons des différens Maîtres qu'elle nous avoit donnés. Mademoiselle Marin fut même souvent chargée de notre instruction religieuse; mais c'étoit ma mère qui présidoit à tout, qui étoit l'âme de tout, qui régloit tout dans le plus grand détail. Elle s'étoit réservé de lire avec nous les plus beaux Ouvrages de Poësie, les morceaux choisis d'éloquence ancienne et moderne, et de travailler à former notre goût par l'analyse des beautés qui s'y trouvent. Mais surtout elle s'attachoit à former notre jugement par des réflexions solides sur chaque nouvel objet, et à le dépouiller de tout ce qui pouvoit le rendre faux. Son esprit et son cœur étant également droits et altérés de la vérité, c'étoit toujours à en écarter tous les nuages qu'elle employoit ses soins, qu'elle dirigeoit le développement des facultés de notre âme, comme elle en avoit dirigé le premier usage. En effet, beaucoup de préjugés, ceux de la vanité, par exemple, nous furent long-tems, je puis dire, entièrement inconnus; et l'idée de régler sa vie par les principes de la vertu, abstraction faite de tout intérêt, de quelque nature qu'il pût être, nous étoit devenue si habituelle, non-seulement par les leçons de ma mère, mais par son exemple de tous les momens, et par celui de mon père dans les occasions malheureusement trop rares où nous pouvions l'étudier de près, que les premiers exemples que nous avons rencontrés d'une conduite contraire dans ceux qu'on appelle vulgairement honnêtes gens, nous causoient une surprise qu'il a fallu bien des années de vie passées dans le monde pour affoiblir. Il est vrai que ma mère nous laissoit lire au fond de son cœur, et qu'avec une extrême vigilance à éloigner de nous ce qu'elle eût soupçonné pouvoir nous nuire, aussi incapable de dissimulation, que la force de son caractère la rendoit capable de discrétion et de prudence, sa confiance en nous étoit bien propre à élever nos âmes, en nous montrant la science tout entière. Ce n'étoit pas seulement ce qu'elle offroit d'admirable que nous y apprenions à imiter, c'étoit encore ce qu'elle trouvoit elle-même à réformer, qu'elle vouloit nous enseigner à réformer en nous. C'étoit même, j'ose le dire, les défauts qu'elle pouvoit n'y pas discerner assez clairement qu'elle désiroit que nous apprissions à corriger en nous-mêmes, par la comparaison de ces défauts et des principes. Elle nous racontoit des circonstances où elle s'étoit trompée sur ce qu'elle devoit faire, les causes et les suites de ces petites erreurs; et nous y voyons celles où l'on peut tomber avec un esprit juste et un cœur droit. Nous dînions tous les jours avec elle, et nous y passions plusieurs heures de la journée; et quand nous eûmes atteint l'âge de neuf à dix ans, nous la suivions de temps en temps, pour quelques jours, à la campagne, à Saint Germain, à Chaville, à Fresnes, à Saron, à Maligny. Ces voyages, étoient pour nous, de très-grands plaisirs ; mais ils étoient courts : ma mère ne vouloit pas s'éloigner de ceux de ses enfans qu'elle ne pouvoit emmener avec elle, et c'est à ses enfans qu'elle avoit sacrifié le plus vif de ses goûts, celui de la campagne, où nous goûtions, outre les autres plaisirs, celui de la voir toujours plus gaie et plus contente qu'à la ville.

Sa tendresse sans cesse attentive à tourner tout à notre profit, ne négligeoit jamais de provoquer nos remarques sur les choses et sur les personnes que nous y avions vues, d'y observer les progrès de notre jugement et de chercher à le rendre plus juste, lorsqu'elle ne le trouvoit pas tel : je n'ai pas besoin de dire que c'étoit sans aucune malignité. Ma mère, il est vrai, aimoit trop fortement la vérité, pour jamais approuver autre chose que ce qui étoit bon, et cela rendoit quelquefois son examen sévère pour ceux dont elle avoit à se servir. Elle étoit rarement contente sur tous les points des gens avec qui elle avoit eu à traiter; d'autant plus qu'elle se persuadoit toujours qu'elle alloit trouver dans les autres cette parfaite rectitude dont son cœur lui offroit le modèle Souvent il lui étoit pénible de se voir désabusée ; mais son caractère l'éloignoit naturellement de toute malignité. La vue du mal l'affligeoit toujours, l'indignoit quelquefois, mais ne l'aigrissoit jamais ; la vue du bien la transportoit de joie ; elle se plaisoit avec délices à écouter, à répéter le récit d'une bonne action, à distinguer une intention vertueuse, à l'admirer ; et toutes ses qualités naturelles étant marquées du sceau des vertus chrétiennes, on peut dire que ce caractère de la charité qui *ne se réjouit pas de l'injustice, mais qui se réjouit de la vérité*, se faisoit remarquer en elle.

Son caractère ne répugnoit pas moins à entrer dans les caquetages de la société. Je n'en ai jamais connus un plus éloigné de la curiosité ; et sa conscience infiniment délicate l'étoit particulièrement sur l'article de la médisance. D'après tout cela il est facile de croire que les observations qu'elle faisoit avec nous et qu'elle provoquoit en nous, ne pouvoient nuire a ceux qui en étoient le sujet. Mon esprit et mon cœur se reportent encore, avec un souvenir douloureux et tendre, vers ce temps que nous passions en voiture avec elle : c'étoit le moment d'instructions ravissantes, et dont le souvenir est ineffaçable.

Un autre de nos grands plaisirs étoit de profiter quelquefois des exercices de Monsieur de Fresnes, notre oncle, de l'éducation duquel ma mère s'occupoit beaucoup, d'assister à quelques expériences de Physique, d'aller le voir dans les différentes maisons où il a demeuré, ou de le voir chez ma mère où il venoit souvent.

Mes plus jeunes sœurs alloient chez ma mère a d'autres heures que nous, et malgré le nombre de ses enfans, la diversité des soins, celle des caractères, chaque caractère recevoit le genre de soins et de cultère qui lui conveuoit le mieux. C'est dans l'intimité du cœur et de la pensée que chacun de nous peut rendre hommage à ce grand bienfait ; pour moi, je me contenterai de dire qu'elle a sans cesse ramené au vrai et au simple mon imagination beaucoup trop vive ; et quoique je doive avouer que ma mère m'avoit peut-être un peu trop laissé appercevoir son approbation dans mon enfance, elle savoit, cependant, corriger l'orgueil que j'en concevois, par une peinture de mes défauts si vive, si vraie, si énergique, que remise bien souvent devant mes yeux, elle portoit et enfonçoit chaque fois le trait dans mon cœur.

Je viens à une époque où les sollicitudes de sa tendresse maternelle devinrent plus vives que jamais. C'étoit le moment de nous préparer à notre première Communion, et en même-temps celui où l'on commença à lui faire des propositions de mariage pour nous. La grandeur et la vivacité de sa foi lui faisoient envisager les dispositions avec lesquelles nous approcherions des Sacre-

mens,

mens, comme pouvant être décisives pour notre bonheur éternel. La difficulté de juger des dispositions d'un enfant, l'incertitude naturelle de son esprit, et l'extrême délicatesse de sa conscience auroient pu la porter à éloigner ce moment redoutable. On auroit pu croire aussi qu'une personne de ce caractère auroit calmé toutes ses inquiétudes et fixé ses indécisions, en s'en rapportant aux conseils de quelques personnes respectables : ma mère étoit trop pénétrée de tous ses devoirs, pour trouver de tels moyens d'y échapper. Son esprit étoit si droit, qu'elle ne pouvoit souffrir le Discours de Morale le plus éloquent, lorsqu'une vérité, une vertu y étoit exaltée aux dépens d'une autre; et son cœur n'étoit pas moins éclairé que son esprit, parce qu'il étoit droit et pur, exempt de passions, et sans cesse soutenu par la force de celui qui a promis à ses Disciples *que la Vérité les delivrera, et qu'ils seront vraiment libres*. Elle conservoit cette liberté au milieu de mille troubles auxquels elle ne se permettoit jamais de céder aux dépens d'une seule nuance de ses devoirs. Elle étoit mère ; elle pouvoit elle devoit même et elle vouloit en effet s'éclairer par de bons conseils ; mais c'étoit à elle a les peser et a décider en dernier ressort, sur ce qui intéressoit ses enfans ; c'étoit à elle et non à une autre qu'ils avoient été confiés. Le moment d'approcher des Sacremens étoit redoutable ; mais elle sentoit le prix d'un si grand bienfait, et ne se trouvoit pas le droit de différer, pour ses enfans, le moment d'y participer, si l'on pouvoit avoir une juste confiance qu'ils eussent les dispositions nécessaires. Elle voyoit que son devoir étoit de les aider, de les examiner avec soin : rien aussi n'étoit négligé pour cela ; instructions solides, exhortations où il ne s'agissoit plus que de suivre d'une manière plus étendue et plus exacte ce développement de l'instruction et cette application de l'instruction à la pratique, des leçons à la conduite, qu'elle n'avoit cessé de nous présenter. Le Catéchisme du Concile de Trente, l'Exposition de la Doctrine Chretienne de Mésanguy, outre le Catéchisme de Montpellier que nous apprenions par cœur, étoient le texte de l'instruction que ma mère et Mademoiselle Marin qui la secondoit avec un zèle, des talens et des soins dont la reconnoissance durera plus que ma vie, s'attachèrent à nous donner depuis onze ans jusqu'à treize ans. Ce fut en 1771 que ma sœur et moi reçûmes le Sacrement de Confirmation : ma sœur fit sa première Communion la même année ; la mienne fut différée, non-seulement cette année là, mais encore la suivante ; et au milieu des inquiétudes que je donnois à ma mère par le trouble de ma tête et le défaut de dispositions qu'on trouvoit en moi, jamais les soins de sa tendresse ne furent plus actifs, plus compatissans, plus indulgens pour moi. Cet article demanderoit trop de détails, et je sens mieux que je ne pourrois l'exprimer ce que je dois à ses sollicitudes.

Ce n'étoit pas ce genre de soins qui

occupoit uniquement ma mère pendant ces années. Ce fut vers ce temps qu'on commença à lui faire des propositions de mariage pour ses deux filles aînées : quoique ces propositions fussent un peu prématurées, ma mère ne les avoit pas attendues pour éprouver un déchirement au-dessus de toute expression : m'a-t-elle dit depuis, lorsque la pensée de nous donner à un autre s'approchoit de son esprit. A cette impression se joignit une vive crainte des dangers qui menacent les jeunes personnes dans le monde et celle de nous voir nous éloigner des principes dont elle attendoit notre bonheur. Mais ce n'étoit jamais par une impression première et toute humaine que se conduisoit ma mère. Dans toutes les circonstances où de grands intérêts lui causoient du trouble, elle se jetoit entre les bras de Dieu et prenoit courage ; alors les contradictions, les traverses ne lui donnoient jamais d'humeur, ni même ces mouvemens d'impatience auxquels elle étoit peut-être un peu trop sujette dans les petits accidens ordinaires de la vie. Je lui ai entendu dire à ce sujet que nous savions si peu nous-mêmes quelles seroient les suites de certains événemens décisifs pour le sort de notre vie, que tout ce que nous avions à faire dans ces événemens, étoit d'écarter, autant qu'il étoit possible, toute passion, de nous conduire selon les règles de la raison et de nos devoirs, mais de ne nous attacher exclusivement à aucune idée en particulier, et après avoir pris toutes les précautions que la prudence peut dicter et tâcher de n'avoir aucune négligence à nous reprocher, nous soumettre paisiblement à l'ordre de la Providence qui sait bien mieux que nous ce qui nous convient. C'est avec cette disposition qu'elle écouta les premières propositions de mariage pour ses filles, sans se livrer à aucune des impressions qui lui faisoient envisager ce moment avec effroi.

Nous avions à peine 12 ans, qu'on lui proposa Monsieur de la Fayette pour l'une de nous; lui-même n'avoit que 14 ans. Son extrême jeunesse, l'isolement où il se trouvoit, ayant perdu tous ses parens proches, et n'ayant aucun guide qui pût avoir sa confiance, une grande fortune et toute acquise, ce que ma mère regardoit comme un danger de plus, toutes ces considérations la décidèrent d'abord à le refuser, malgré la bonne opinion que tout ce qu'elle en avoit appris lui donnoit de son personnel. Elle persista plusieurs mois dans son refus; mais père ne se découragea point, et comme on lui représentoit que ma mère avoit été trop loin pour reculer et changer d'avis; il rendit hommage à la droiture de ses vues, au milieu de sa colère contre elle: » Vous » ne connoissez pas Madame d'Ayen, di» soit-il, quelqu'avancée qu'elle puisse être, » vous pouvez être sûr qu'elle reviendra » comme un enfant, si vous lui prouvez » qu'elle a tort; mais aussi elle ne cédera » jamais, si elle ne le voit pas. « En effet lorsqu'on eût rassuré ma mère, par la certitude que sa fille ne la quitteroit pas pendant les premières années, lorsqu'on lui eût promis de différer le mariage encore de deux ans et pris plusieurs précautions pour finir l'éducation de Mr. de la Fayette, elle accepta celui que depuis elle a toujours chéri comme le fils le plus tendrement aimé, celui dont elle a senti le prix, dès le premier moment qu'elle l'a connu, celui qui, seul de tous les appuis humains, pouvoit soutenir les forces de mon cœur, après l'avoir perdue. Son consentement la raccommoda avec mon père qui, pendant quelque temps, avoit été réellement brouillé avec elle. Nous étions, ma sœur et moi, témoins de ce malheur: mais nous en ignorions le motif que la délicatesse de mon père m'eût toujours laissé ignorer, et que ma mère m'a appris depuis, sachant bien que je ne pouvois que bénir le Ciel et ceux qui avoient préparé mon bonheur, en le désirant avec des vues si pures. Notre joie à cette réconciliation ne peut être exprimée: le souvenir de ce jour (21 septembre, 1772) ne s'effacera jamais ni de ma mémoire, ni de mon cœur.

Le Vicomte de Noailles, pendant ce

temps, avoit été proposé à mes parens pour ma sœur et accepté par eux Le bien que son Gouverneur et tous ceux qui l'avoient vu de près pendant son éducation disoient de lui, les avantages que présentoient, pour une jeune personne, les parens dont il étoit environné, tout cela rassuroit ma mère; le projet de nos deux mariages fut donc arrêté, sous condition qu'on n'en parleroit pas à ma sœur avant un an, et à moi avant dix-huit mois. On arrangea que Monsieur de Noailles et Monsieur de la Fayette nous rencontreroient quelquefois ou chez ma mère ou à la promenade; mais ma mère ne voulut pas que nous fussions distraites, cette année, de notre éducation, devant nous marier si jeunes. Ce fut à la fin de l'été 1773, que ma mère parla à ma sœur du Vicomte de Noailles. Le goût extrême qu'elle avoit pour son cousin, depuis son enfance, lui rendoit cette idée fort agréable; mais elle étoit effrayée d'être sa parente si proche. Ma mère lui communiqua plusieurs consultations qu'elle avoit

faites

faites à ce sujet ; elles portoient en substance, autant que je peux m'en souvenir, que les motifs de cette défence de mariages entre parens étant 1°. la crainte que l'idée de se marier dans la suite les rendît trop familiers ensemble 2°. l'intérêt général de la société qui étoit de multiplier les liens des familles, la vigilance de nos parens et notre éducation empêchoient que le premier motif nous fût applicable, et que, pour le second, il falloit songer qu'étant cinq filles, nous pouvions former beaucoup de liens dans la société, lors même qu'une d'entre nous n'en formeroit que dans sa famille ; qu'il paroissoit enfin dans l'ordre de suivre le vœu de mon père. Du reste ma mère fit observer à ma sœur que la dispense avoit été demandée, sans qu'on eût supposé aucun motif imaginaire, qui l'eût rendu nulle, comme il n'arrive que trop souvent : ma sœur fut très-aise d'être rassurée. Pendant les deux mois qui se passèrent entre cet instant et celui de son mariage, ma mère l'aidoit à se préparer à ce nouvel état, avec les dispositions des Patriarches. Il est impossible de peindre ce que fut pour elle le moment de conduire à l'autel le premier de ses enfans Rien de touchant comme l'union et la confiance des deux familles qui n'en étoient réellement qu'une seule Mais ma sœur alloit quitter la maison paternelle ; mes jeunes sœurs jetoient les hauts cris ; tout le monde fondoit en larmes, et ceux qui recevoient un dépôt si précieux et ceux qui le perdoient. C'est ainsi que la première fille de ma mère se sépara d'elle ; mais sa tendresse ne l'abandonnoit pas ; et quoique ma sœur fût souvent à Versailles avec sa belle-mère, ma mère la voyoit bien souvent ; et le quartier de mon père (*) à Versailles, qui arriva bientôt après, l'en rapprocha encore. Ce fut pendant ce temps qu'on me parla de Mr. de la Fayette pour qui l'attrait de mon cœur avoit prévenu ce sentiment si profond qui nous a unis, tous

(*) Monsieur le Duc d'Aven étoit Capitaine des Gardes du Corps : son service l'obligeoit a trois mois de résidence auprès du Roi.

les jours d'une manière plus étroite et plus tendre, au milieu de toutes les vicissitudes de cette vie, au milieu des biens et des malheurs qui l'ont remplie depuis vingt-quatre ans.

Avec quel plaisir j'appris que, depuis plus d'un an, ma mère le regardoit et l'aimoit comme son fils! Elle me détailla tout ce qu'elle avoit su de bien de lui, me peignit ce qu'elle en pensoit elle-même, et je vis dès-lors qu'il avoit pour elle le charme filial, si je puis m'exprimer ainsi, qui feroit le bonheur de ma vie. Elle s'occupa d'aider ma pauvre tête bien vive et bien foible, surtout dans ce temps, à ne pas s'égarer dans un aussi grand événement. Elle m'apprenoit à demander, et demandoit elle-même les bénédictions du Ciel pour l'état que j'allois embrasser. Comme j'avois le bonheur de rester sous ses ailes, j'éprouvai seulement, ainsi qu'elle, une grande émotion, mais point de déchirement.

Je n'avois alors que quatorze ans et demi; et ayant de nouveaux devoirs à remplir, ma mère crut devoir s'appliquer avec de nouveaux soins à nous former, et toujours d'après les mêmes principes : la confiance avec laquelle elle vouloit bien s'entretenir avec nous, et la nôtre qui y répondoit, lui en donnoient les moyens : ce n'étoit pas ce genre de confiance à laquelle je crois que les mères prétendent plus souvent qu'elles ne l'obtiennent de leurs enfans, cette confiance que nous inspire une compagne de notre âge ; mais cette confiance intime et sans bornes qui naît du besoin d'être dirigée, et approuvée par sa mère, qui feroit sentir de l'effroi d'une démarche, d'une visite, d'une conversation, quelques innocentes qu'elles fussent, et presque d'une pensée dont on ne l'auroit pas instruite ; cette confiance enfin qui ramène toujours près d'un appui, près d'un guide sur les lumières duquel on se repose, aussi bien que sur sa tendresse, d'un guide qui, lors même qu'on n'approuveroit pas toutes ses décisions, lors même qu'on seroit assuré de ses reproches, est toujours nécessaire, et avec qui l'idée de dissimuler sa conduite ne seroit pas supportable. Voilà ce que j'éprouvois pour ma mère qui me permettoit souvent de disputer avec elle.

Monsieur de la Fayette revint de son Régiment au mois de Septembre. Il fut inoculé ; ma mère s'enferma avec nous deux : elle s'occupoit, avec une bonté touchante, de l'amuser à Chaillot, où nous avions loué une maison pour ce temps ; et elle lui donnoit tous les soins que sa vigilance et sa tendresse savoient multiplier.

L'hiver suivant, elle crut devoir, par complaisance pour mon père et pour lui, me mener toutes les semaines au bal de la Reine : elle recevoit ensuite à souper tous les jeunes gens amis de ses gendres les plus intimes même à dîner, et tout cela avec une bonté si sincère et si naturelle, que tous en étoient charmés et y venoient sans cesse. Il est facile de croire que cette vie de dissipation n'étoit pas du goût de ma mère : comme elle ne s'étoit déterminée à s'y prêter qu'après de mûres réflexions, des consultations approfondies, et que son premier, je puis dire, son unique motif étoit de ne pas déplaire mortellement à mon père, de ne pas éloigner de leur intérieur les maris de ses filles, comme elle étoit constamment fidèle à la règle qu'elle s'étoit prescrite, ainsi qu'à nous, de ne jamais se décider par la vue du plaisir, mais par celle du devoir, de ne jamais se trouver aux assemblées de divertissemens, lorsqu'elle se croyoit permis de l'éviter, elle avoit la confiance que Dieu béniroit les soins qu'elle ne cessoit de prendre et qu'elle redoubloit encore dans ces occasions, pour ramener ses filles aux vérités de la Religion et à des pensées solides qui pussent leur servir de préservatif contre les dangers de la vie mondaine. Elle avoit adopté cette comparaison qu'un de ses amis lui avoit fournie : elle se regardoit comme la mère de Moïse, qui n'ayant pas de moyen de le cacher se tenoit près de lui sur le bord du fleuve où elle étoit forcée de l'exposer, attendant et espérant le secours de la Providence.

Le temps du quartier de mon père étant fini, elle rentra dans la retraite, et se consacra avec une ardeur nouvelle à des occupations plus conformes aux vœux de son cœur. Son premier soin fut de profiter du meilleur état de ma tête qui devenoit plus calme, pour mettre la dernière main à mon éducation, et me faire profiter de tout ce qu'elle avoit fait jusques-là pour moi. Ce fut à l'âge de seize ans, cette même année 1775, le 15 Décembre, que je devins mère pour la première fois, le plus heureusement du monde, d'une petite fille, le premier des petits-enfans bénis par ma mère, et qui recueillera, pendant toute l'éternité, le fruit de ses bénédictions.

Environ dix mois après, ma sœur aînée fut mère à son tour, et ce bonheur fut acheté par de cruelles angoisses. On craignit pour la vie de son enfant, avant qu'il fût né : notre douleur à tous fut excessive. Le courage de ma mère qui, fatigué souvent par une foule d'inquiétudes en de petites occasions, se relevoit toujours et devenoit supérieur, lorsqu'il y avoit quelque grand devoir à remplir, soutint les forces de tout le monde, et surtout de sa fille qui avoit les mêmes pensées, et y trouvoit les mêmes ressources. Elle pourvut à tout, ne la quitta pas d'un moment, et ma sœur mit au monde une fille en bonne santé dont la naissance qui nous avoit coûté si cher, nous combla de joie. Un des bienfaits particuliers de Dieu sur ma mère et sa famille, c'est qu'outre tous ses enfans, ceux de ses cinq filles dont chacune en a eu un assez grand nombre, il n'en est pas un seul qui soit mort, sans avoir reçu la Grâce du Baptême. C'est encore cette année-là qu'elle s'occupoit à préparer sa troisième fille à s'approcher des Sacremens. Mademoiselle Marin secondoit ses soins, et travailloit à l'instruction de sa jeune élève avec un talent et un zèle dont ma mère m'a souvent parlé, non-seulement avec éloge, mais avec le sentiment d'une profonde reconnoissance. Dieu bénit ses soins, et ce fut avec une consolation bien sensible et sans mélange, que ma mère

amena

amena à Jésus-Christ un enfant dont la bonne et droite volonté et la pureté du cœur étoient le caractère distinctif, et sur qui les Vérités de la Religion faisoient, dès cet âge, une impression si profonde. Un des passages de l'Écriture qui la frappoit le plus et qu'elle voulut prendre pour sa lumière dans les événemens de sa vie, étoit celui-ci de Saint Paul : „ Le temps est court, ainsi il „ faut que ceux qui pleurent soient comme „ s'ils ne pleuroient point, ceux qui se ré- „ jouissent, comme s'ils ne se réjouissoient „ point, ceux qui ont des femmes, com- „ me s'ils n'en avoient point, ceux qui ont „ des richesses, comme s'ils n'en avoient „ point ceux qui usent du monde, com- „ me s'ils n'en usoient point ; car la figure „ de ce monde passe. " Elle a passé pour elle bien rapidement, puisque nous l'avons perdue avant l'âge de vingt-cinq ans, et nous avons la confiance qu'elle jouit du bonheur promis à ceux qui ont le cœur pur. Je n'ai pu me refuser de donner cet exemple des bénédictions que Dieu répandoit sur les soins de ma mère. Je reviens à la suite de sa vie.

L'année 1777 amena de nouvelles épreuves et lui fournit d'autres occasions de développer cette vertu forte, toujours soutenue de la Grâce de Dieu et préparée à ce qu'il demandoit d'elle, toujours guidée par cette tendresse éclairée et supérieure aux petites foiblesses qui sont si souvent une source d'illusions, et altèrent le jugement d'une mère. Monsieur de la Fayette exécuta, au mois d'Avril de cette année, le projet qu'il avoit médité depuis six mois d'aller servir la cause de l'indépendance de l'Amérique : j'étois grosse, et je l'aimois tendrement : mon père et le reste de la famille furent tous dans une violente colère contre lui à cette nouvelle. Ma mère inquiète de l'impression qu'elle produiroit sur moi, alarmée pour son propre compte de l'éloignement et des dangers du fils qu'elle chérissoit si tendrement, ayant moins que personne au monde le goût de l'ambition, la soif de la gloire humaine, et l'attrait des entreprises, jugea pourtant celle de Monsieur de la Fayette comme elle l'a été deux ans après du reste du monde; et retranchant absolument, des torts apparens de cette entreprise, ce qu'elle pouvoit coûter à sa fortune, elle trouva, dès le premier moment, dans la manière dont elle avoit été combinée, un motif de la distinguer de ce qu'on appelle une folie de jeune homme; dans l'ensemble des préparatifs et dans les regrets sincères qu'il avoit sentis en s'éloignant de sa femme et de ce qui lui étoit cher, une preuve qu'elle ne devoit craindre pour le bonheur de ma vie, qu'en craignant pour la sienne: d'ailleurs les sentimens de son cœur pour lui la rendoient si propre à adoucir les déchiremens du mien! Elle s'occupa de me consoler, tant en m'apprenant cet événement, qu'en cherchant ensuite les moyens de servir Monsieur de la Fayette avec cette tendresse généreuse, cette supériorité de vues et de caractère qui la développoient tout entière. Une foule d'inquiétudes l'accabloient au même moment : ma grand'mère tomba dangéreusement malade. Pauline, sa quatrième fille, commençoit une fièvre maligne avec des symptomes menaçans : et dans le même temps, sa plus jeune sœur, Mademoiselle d'Aguesseau, étoit au moment d'épouser Monsieur de Ségur. Ma mère suffisoit à tout avec une présence d'esprit surnaturelle, et tous ses devoirs étoient remplis auprès de ma grand'mère qui ne tarda pas à être hors d'affaire. La maladie de Pauline fut prise tellement à temps, que le danger ne dura que vingt-quatre heures ; et cette cruelle journée ne fut pas sans consolation. Pauline avoit onze ans ; son Confesseur fut appelé ; elle reçut pour la première fois l'absolution, avec une ferveur touchante : „ Vous me „ voyez, maman, disoit-elle, comme en „ sortant du Baptême “ Et au milieu de sa maladie, elle étoit comblée de joie. La vue de cet enfant de bénédiction ranimoit les forces de ma mère, et le bonheur de la voir se rétablir vint bientôt adoucir les autres tribulations.

Ma mère étoit tendrement occupée de sa jeune sœur, et lui donnoit tous les moment dont elle pouvoit disposer; mais j'étois l'objet continuel de ses soins. Elle voyoit quel bien me faisoient les témoignages de sa tendresse pour Monsieur de la Fayette. Il revint d'abord, pour ne pas faire de tort à ses camarades, d'après l'ordre qui lui avoit été expédié; mais ensuite, voulant remplir ses engagemens il s'échappa de nouveau, ne risquant plus que lui-même. Ma mère me ménagea toutes ces nouvelles, jusqu'à ce qu'elle eût à m'apprendre celle d'un départ définitif; en même-temps elle me remit les touchantes lettres de Monsieur de la Fayette, me montrant qu'elle étoit loin de méconnoître la vérité de sa tendresse pour moi: ma charmante sœur y joignoit tout le charme qui n'appartenoit qu'à elle. Rien n'étoit négligé pour me faire goûter ces consolations; et ma grossesse me faisant d'ailleurs un devoir de me ménager, je m'abandonnai aux soins de ma mère que la Providence couronna du succès; et au bout de deux mois, je mis au monde ma chère Anastasie. Il sembloit que je prévoyois dès lors quel présent je recevois de Dieu; et dès le premier moment de sa naissance elle sembla destinée à me faire sentir *qu'au milieu des plus grands maux, on est encore capable de joie.* Elle fut bénie par ma mère, et présentée par elle au Baptême.

Les premières nouvelles de Monsieur de la Fayette arrivèrent le premier d'Août, un mois après mes couches. La consolation qu'elles me donnèrent fut vivement partagée. Les sollicitudes de ma mère pour s'en procurer, pour lui en faire parvenir des nôtres, pour lui être utile à deux mille lieues de distance, étoient continuelles. Le peu qu'on avoit pu savoir de sa conduite à son arrivée, des succès qu'elle avoit obtenus, ne surprenoit pas ma mère, mais lui donnoit un nouveau courage, lui inspiroit de nouvelles actions de grâces envers cette Providence attentive qui le protégeoit, le conservoit et le conduisoit; lorsque de nouveaux sujets d'alarmes se succédèrent. Au mois d'Octobre de la même année, je perdis Henriette, ma fille aînée, à la suite d'une fort longue maladie de dents. Ma mère partagea ma douleur dans cette perte déchirante, m'aidant à la soutenir par les vues de la foi. Elle m'emmena à la campagne, avec ma petite Anastasie qui étoit déjà pour moi une si tendre consolation. A peine étions-nous de retour à Paris, que nous apprîmes que Monsieur de la Fayette avoit été blessé à Brandy-Wine. Je n'ai pas besoin de dire ce qu'une pareille nouvelle fit éprouver à ma mère. Elle trouva moyen de dérober à ma connoissance le faux bruit de sa mort qui se répandit dans ce temps, et pour nous éloigner de ces fausses nouvelles, elle me mena d'abord à la campagne, chez Monsieur son père, en Bourgogne, puis nous envoya ma sœur et moi chez la Comtesse Auguste de la Marck, à Raismes : à peine y avions-nous passé quelques jours, que ma mère me manda que Adrien, le fils de ma sœur, étoit dangereusement malade. Je la ramenai près de lui, et il mourut peu de jours après. Ce fut pour ma mère de nouveaux soins, tant pour cet enfant que pour ma sœur dont la douleur étoit proportionnée à une sensibilité telle que la sienne qui ne pouvoit trouver quelque soulagement à sa douleur, que dans la vue et l'occupation continuelle du bonheur de son enfant, et dans la pensée qu'il m'en restoit un. A la multiplicité des sollicitudes de ma mère qui, dans aucune circonstance, n'oublioit ni ne négligeoit aucune de nous, on voyoit que plusieurs partageoient sa tendresse, et cependant celle qui avoit le plus particulièrement besoin de ses soins, sembloit en être l'unique objet.

Pendant l'hiver de 1778, elle ne cessa de s'occuper des nouvelles de Monsieur de la Fayette, et nous en reçûmes assez souvent. L'alliance de la France avec les Etats-Unis fut pour elle un sujet de joie, et elle s'en occupoit avec un intérêt qu'elle n'avoit pas coutume d'éprouver pour un événement politique. Au printemps, ma sœur étant grosse, et et ses parens désiroient cependant de la voir à Bordeaux, ma mère, quoiqu'il en coûtât à son cœur de nous éloigner d'elle, voulut que je l'accompagnasse dans ce voyage, tant à cause des soins que je donnerois à ma sœur pendant la route, que pour le bien que cette diversion pourroit me faire ; et après nous avoir chargées de la remplacer l'une auprès de l'autre, et s'être chargée de soigner ma petite Anastasie dont je m'éloignois, elle nous fit partir. et ce fut notre première séparation d'auprès d'elle.

Notre voyage fut très-heureux, et quelque temps après notre retour, ma sœur mit au monde une petite fille, ce qui fut pour ma mère, et nous tous, un grand sujet de joie.

Peu de temps après, au commencement de l'hiver de 1779, on proposa Monsieur du Roure à mes parens, pour leur troisième fille. Les vues qui conduisoient toujours ma mère lui rendirent cette proposition très-agréable. Un personnel charmant, une mère vertueuse qui avoit élevé, avec tout le soin possible, un fils qui n'étoit pas sorti d'auprès d'elle, et dont elle étoit tendrement chérie et vénérée : Monsieur du Roure plut fort à ma jeune sœur ; mais avec une délicatesse dont le prix étoit bien senti par ma mère, elle exigea que tous les détails d'un défaut naturel qu'elle avoit à une jambe fussent donnés à Madame du Roure. „ Peut-être, disoit-elle, qu'après cela ils „ ne voudront pas de moi ; mais alors je „ croirai que la volonté de Dieu s'oppose à „ mon mariage. " On fut touché de cette sincérité, et on ne fit que l'en désirer davantage. Cette affaire étoit à peu près conclue, lorsque Monsieur de la Fayette revint d'Amérique, le 12 Février, 1779, à l'instant où on ne l'attendoit pas. Ma mère me prépara à cet heureux moment et me l'annonça elle-même. Je n'essayerai pas de peindre de quelle manière elle partageoit ma joie, ni ce qu'elle éprouvoit elle-même en voyant, à cette époque, et le caractère et les démarches de Monsieur de la Fayette jugées comme elles l'avoient été par elle depuis long-temps; sa conduite si conforme à ce qu'elle attendoit de lui, et sa femme heureuse après tant d'alarmes.

La guerre qui duroit toujours en fit renaître plus d'une pendant cette année. Monsieur de Noailles partit pour les Iles où son Régiment marchoit; la douleur de sa femme fut excessive, et ma mère la partagea avec sa tendresse ordinaire. Comme elle savoit ce qu'étoient pour ma sœur les ressources de la Religion, elle la ramenoit sans cesse à celui près duquel ses larmes pouvoient être utiles à l'objet de son affection dont elle a toujours été l'ange tutélaire. Un projet de descente en Angleterre où devoient servir mon père et Monsieur de la Fayette, une maladie vive et assez longue que j'eus cette année-là pendant une grossesse, furent encore pour ma mère de nouveaux sujets d'inquiétudes. A la fin de l'année, quand tout le monde fut réuni, le mariage de sa troisième fille avec Monsieur du Roure, fut pour elle l'occasion de vives sollicitudes et d'une profonde émotion. La naissance de mon fils, le 24 Décembre ; la combla de joie ; il fut reçu et béni par elle ; son père et moi sentions doublement les biens qu'elle partageoit, et ses bénédictions étoient une source de confiance.

La mauvaise santé de Madame du Roure, le peu de goût que son mari avoit pour elle, furent cause que beaucoup d'amertumes remplaçoient le bonheur que ma mère avoit espéré dans ce mariage. Elle ne négligeoit rien pour travailler au bonheur de sa fille, tant en l'exhortant à plus de soin d'elle-même, qu'en cherchant à attirer Monsieur du Roure et à le rapprocher de sa famille ; mais tout cela ne réussissoit pas.

Malgré tous ces différens genres de sollicitudes, rien n'étoit négligé. Mon fils étoit nourri à Versailles ; je n'étois pas encore en état de voyager, et ma mère à mon insu lui donna des soins auxquels je dois probablement la vie de cet enfant.

Un nouveau départ de Monsieur de la Fayette pour l'Amérique lui causa, pour moi et avec moi, un nouveau déchirement. Monsieur de Noailles, revenu quelques semaines avant ce départ, repartit quelques mois après, avec Monsieur de Rochambeau pour l'Amérique septentrionale, et la bonté avec laquelle ma mère soulageoit tous les jours de nouveaux chagrins étoit inépuisable.

Elle n'étoit cependant distraite, ni par ces sollicitudes, ni par les inquiétudes qui troubloient sa vie, de l'accomplissement de ses devoirs; et au milieu de toutes les peines dont nous étions l'objet, il se présentoit de fréquentes occasions de lui dire : *Vous vous réjouirez en vos enfans, parce que le Seigneur les bénira tous.* La première Communion de Pauline fut une de ces occasions bien consolantes; on s'occupoit depuis long-temps à l'y préparer, et elle, à réformer, dans cette vue, la violence d'un caractère impétueux; et elle y travailla si heureusement, que, depuis l'époque de sa première Communion, on ne vit plus en elle aucun vestige de cette violence qui étoit terrible, dans son enfance. Elle approcha de Jésus-Christ avec une ferveur proportionnée à la vivacité de sa foi, et sûrement il éxauça dès lors le vœu de son cœur qu'elle exprima si souvent depuis en s'appliquant ces paroles du Pseaume 118 : *Tous les desirs de mon cœur se portent à ne jamais m'écarter de vos ordonnances.* Tel étoit le fond de consolation que Dieu avoit préparé à ma mère, au milieu des tribulations de la vie.

Cette année 1780, elle éprouva un grand malheur, en perdant Madame de Saron, sa sœur, qu'elle aimoit tendrement, et qui mourut après plusieurs mois d'une maladie de langueur. Mme de Saron étoit une personne très-vertueuse : elle reçut tous ses Sacremens, et la Foi offroit des consolations dans cette perte douloureuse qui, d'après la vivacité des sentimens qui attiroient les deux sœurs l'une vers l'autre, eût été bien plus affreuse encore, si la Providence qui sembloit avoir réservé pour nous tous les épanchemens du cœur de ma mère, n'eût pas semblé permettre que toutes ses autres affections fussent troublées par quelques circonstances relatives à leur objet. Mon père dont l'attachement se montroit en toutes les occasions où il avoit quelqu'inquiétude pour elle, et dont la juste confiance fondée sur l'estime mutuelle et cette heureuse conformité de droiture, dont j'ai parlé, étoit visible toutes les fois qu'il s'agissoit entr'eux de quelques grands intérêts, surtout des nôtres, vivoit cependant peu dans son intérieur. Peut-être ma mère avoit-elle, dans leur grande jeunesse, trop laissé appercevoir à un jeune homme la supériorité de sa raison ; peut-être avoit elle trop négligé les moyens de plaire ; du moins elle se le reprochoit à elle-même : il est certain que, dans les détails de la vie, elle ne triomphoit pas assez de son indécision naturelle, et que mon père, croyant toujours voir là des scrupules, se plaisoit moins avec elle qu'il n'eût fallu pour son bonheur et pour le nôtre. Elle avoit perdu sa belle mère, Madame de Fresne, pour laquelle son attachement étoit si tendre, et Monsieur son père s'étoit remarié pour la troisième fois.

Mademoiselle Aufroy qui méritoit si bien

la constante amitié et la confiance sans bornes que ma mère n'a cessé d'avoir pour elle, étoit habituellement dans un état de santé détestable qui empêchoit de pouvoir causer avec elle pendant une heure de conversation suivie : enfin Mme de Saron qui ayant un esprit fort inférieur au sien, se rapprochoit d'elle par l'élévation de son âme, par la conformité de leurs principes, et étoit digne de toute sa tendresse, par la profonde sensibilité de son cœur, étoit aimée de son mari avec une passion si vive et si facile à alarmer sur les moindres préférences délicates, que ma mère étoit obligée à une grande réserve dans cet intérieur, et ne pouvoit se livrer à son sentiment avec tout l'abandon auquel son attrait pour sa sœur l'eût portée. Cette contrainte habituelle de plus de vingt années rendit la dernière séparation peut-être un peu moins cruelle, mais lui laissa toute son amertume.

En parlant des affections de ma mère, je m'arrêterai avec une consolation dont le sentiment est ineffaçable, sur celle qui l'at-

tachoit

tachoit à Madame de l'Esparre, sa belle-sœur, et qui lui fit trouver en elle une des plus précieuses ressources que Dieu lui eût préparées dans ce pélerinage: une vertu sublime et une âme aussi forte que son cœur étoit sensible, la rendoient propre à en offrir d'inépuisables à ce qui lui étoit cher. Il n'y avoit aucun trouble qui ne se calmât, au moins à un certain degré, aucun genre de tribulation qui ne s'adoucît, et pour lequel on ne reprît un peu de forces, lorsqu'on avoit passé quelque temps auprès d'elle. Ce n'étoit pas tant son esprit que son âme qui l'éclairoit, et cependant on retrouvoit toujours près d'elle de nouvelles lumières.

J'éprouve pour elle le sentiment de la plus vive et de la plus tendre reconnoissance, en songeant à tout le bien qu'elle a fait à ma mère. Sa mort a été le commencement de nos malheurs, et sans doute celui de sa récompense. Je ne parle pas ici de ce qu'elle étoit pour nous toutes, de cette bonté si tendre dont nous sentions si bien

i

le prix. Je me contente en ce moment de lui rendre un hommage, que mon cœur lui doit et qu'il aime à lui offrir.

Ma mére étoit aussi tendrement attachée à Madame de Tessé ; elles étoient dignes l'une de l'autre et n'ont cessé de s'apprécier et de s'aimer. Mais des sociétés différentes et surtout la différence de manière de penser sur l'article de la Religion, avoient empêché ce degré d'intimité qui peut seul donner à l'amitié tout son charme et toute son utilité.

Le caractère de son frère n'étoit pas de force à être d'une grande ressource pour celui de ma mère. Elle avoit pour Madame de Ségur une amitié et un goût fort tendre ; mais, outre la distance d'âge, la passion excessive de Madame de Ségur pour son mari et toutes les suites qu'elle eut pour elle, lui ayant ôté la conformité de principes sur l'objet essentiel, la douceur de leurs sentimens étoit mêlée de trouble et d'amertume. C'étoit donc avec nous, et nous seules, que ma mère cherchoit et trouvoit la consolation de cette confiance entière qui soulageoit son cœur. C'étoit pour nous qu'elle vivoit, pour nous procurer les biens essentiels, les biens éternels, puis tous ceux qu'elle pouvoit nous ménager dans le chemin, ou au moins des consolations, ou enfin le soulagement de partager, de porter et d'adoucir tout ce qui pouvoit troubler nos jours. En rappelant les différentes circonstances qui ont intéressé notre vie, nous faisons l'histoire de celle de ma mère.

Le commencement de l'année 1781 fut marqué par de nouvelles douleurs. Ma sœur perdit sa petite fille, pendant que son mari étoit aux États-Unis, et quoique sa mort eût été depuis long-temps annoncée par une maladie de langueur qui ne laissoit pas d'espérance, quoique la douleur de ma sœur fût moins déchirante qu'à la mort de son premier enfant, la réunion de cette perte avec l'absence de Monsieur de Noailles la rendit d'une amertume affreuse. Ma mère étoit bien affectée : les consolations de la Religion qui ne manquoient jamais leur effet sur le cœur de sa fille, lui étoient sans cesse présentée par elle.

Bientôt ce furent des inquiétudes à partager avec moi. Mon fils fut à la mort à l'époque de la dentition : ma mère passoit la nuit avec moi près de lui, et pendant une maladie de langueur qui succéda à cette crise, elle ne cessa de lui prodiguer ses soins. Elle s'occupoit à me fortifier, et tandis qu'elle avoit une condescendance si touchante pour ma foiblesse, je rougissois de me trouver si loin de la grandeur de sa foi. Mon enfant se rétablit, et de cruelles alarmes, pour son père, succédèrent à celle que j'avois eues pour lui. Pendant la campagne de Virginie, les Gazettes qui seules apprenoient des nouvelles de Mr. de la Fayette qui n'avoit pas de moyens d'écrire, peignoient sa situation comme presque désespérée. Je parvins à en dérober les circonstances les plus alarmantes à la connoissance de ma mère, et à me venger par là de ce que ses soins me cachoient en 1777. Mais je ne pouvois lui dissimuler qu'une partie de mes inquiétudes, et elle en avoit assez des siennes propres sur le même sujet, outre celle que je lui donnois occasion de partager avec moi. Ce fut au retour d'un petit voyage qu'elle fit en Bourgogne, chez Mr. son père, avec trois de mes sœurs, que nous reçûmes la nouvelle de la prise d'York, de Lord Cornwallis et de son armée, préparée par cette campagne de Virginie dont la conduite fut si étonnante, et dont le succès est un de ces prodiges dont nous devons rendre grâces à celui qui donne seul les talens et les succès.

Cette heureuse nouvelle nous apprenoit à la fois que Monsieur de la Fayette et Monsieur de Noailles étoient, en même-temps, au terme des dangers de la guerre, au moins pour cette campagne. Tout le monde répétoit que sa fin brillante étoit dûe à Monsieur de la Fayette qui avoit tout préparé, au milieu d'obstacles qui sembloient insurmontables; et ce qui, pour nous, étoit plus précieux encore, nous savions que, malgré les instances qu'on lui avoit faites, il s'étoit refusé à la gloire de tout terminer lui-même, et avoit laissé arriver Messieurs Waskington et Rochambeau, parce qu'alors le succès étoit plus sûr et coûteroit moins d'hommes.

Il suffit de connoître ma mère, pour juger de toute la joie qu'elle ressentit. Elle aidoit mes actions de grâces, par la ferveur des siennes, et alors je les croyois moins indignes de Dieu et des bienfaits auxquels mon cœur ne pouvoit suffire. Le retour de Monsieur de la Fayette et de mon beau-frère, le 21 Janvier, pendant que nous étions à la Ville, en fut le complément.

Mais il n'étoit pas dans les Desseins de Dieu que la tranquillité de ma mère fût de longue durée. Au printemps, notre beau-frère du Roure tomba malade de la petite vérole et mourut en peu de jours. Quoique son extrême froideur pour sa femme nous affligeât tous, et surtout que la tendresse de ma mère en souffrît, il étoit impossible de refuser de l'attachement à un jeune homme qui réunissoit des qualités aimables et estimables, et de ne pas ressentir, avec sa propre mère, la profonde et juste douleur que lui causoit la perte d'un si tendre et si excellent fils. La douleur de ma pauvre petite sœur fut vraie et sensible comme elle. Mon père et ma mère la reprirent chez eux et s'occupèrent des soins que demandoient sa santé que ce bouleversement avoit bien altérée.

Peu de temps après Pauline et Rosalie, frappée de l'idée du fléau de la petite vérole et plus encore des obstacles que les parens mettoient à laisser entrer chez les personnes chères qui avoient cette maladie (car on avoit interdit à ma petite sœur l'entrée de la chambre de son mari, et à sa belle-mère celle de son fils) se déterminèrent à se faire inoculer, et ma mère qui n'avoit jamais osé s'y déterminer, toute seule, pour elles, dans leur enfance, fut loin de s'y opposer, et leur donna ses soins avec sa sollicitude ordinaire.

J'avois pendant ce temps une grossesse fort pénible, et ce fut dans le temps de l'inoculation de Pauline qui eut lieu quelques mois plus tard que celle de Rosalie, que naquit ma petite Virginie, fort heureusement, quoique avant terme. Ma mère donna à cet enfant les soins les plus tendres. Je lui causai un moment de vives inquiétudes pendant mes couches; mais au milieu de mille et mille tourmens, sa tendresse pourvoyoit à tout et suffisoit à tout. Virginie eut au bout de trois semaines un crachement de sang que ma mère, en la soignant bien mieux que je n'eusse fait, me dissimula. Il sembloit qu'elle se multipliât pour tous nos besoins.

Ce moment étant un de ceux de ses grandes sollicitudes. Depuis quelques mois, il étoit question du mariage de Pauline; on avoit proposé pour elle plusieurs partis, et ma mère fidèle aux principes que j'ai développés plus haut, ne se laissoit jamais enthousiasmer d'aucune idée avant d'avoir recherché et approfondi tout ce qu'on pouvoit savoir du caractère et des qualités de ceux dont on lui parloit. Elle s'accordoit

parfaitement

parfaitement avec mon père pour mettre à leur place les avantages de la fortune. Un parti très-brillant fut refusé ; un autre projet qui leur plaisoit davantage manqua ; enfin on proposa Monsieur de Montagu. Outre la convenance de ce mariage, tout le bien qu'on sut du personel de Monsieur de Montagu décida à l'accepter, et la loyauté avec laquelle se conduisit son père fut d'un très-bon augure, en attendant la présence du fils qui étoit a l'armée d'Espagne. La paix qui eut lieu l'hiver suivant le ramena, ainsi que Monsieur de la Fayette qui devoit partir, pour un grande expédition, avec Mousieur d'Estaing ; ce qui avoit encore donné à ma mère des craintes à éprouver et à partager avec moi.

Enfin, au mois de Mai, Pauline épousa Monsieur de Montagu : les dispositions avec lesquelles elle entroit dans ce nouvel état étoient pour ma mère une consolation inexprimable et le gage de la bénédiction de celui en qui elle espéroit ; elle voyoit les effets de sa protection sur ses filles aînées ;

elle espéroit qu'il exauceroit ses demandes, parce qu'il les avoit déjà exaucées, et cette consolante espérance, en établissant la paix dans son cœur, soutenoit ses forces contre la peine qu'elle éprouvoit de voir cette chère enfant s'éloigner d'elle de quelques rues; son espoir n'a pas été vain. Dieu n'a cessé d'être l'appui de Pauline qui s'étoit abandonnée à lui avec tant de confiance; il a béni son union. Ma mère ne tarda pas à juger qu'elle seroit constamment heureuse, et s'attacha tendrement à Monsieur de Montagu qu'elle aimoit à compter au nombre de ses enfans.

Ce fut dans ce même temps que je quittai la maison paternelle; nous nous établîmes dans la nôtre, et ma mère n'eut plus avec elle que sa jeune veuve, Madame du Roure et Rosalie, la plus jeune de ses filles. Il y avoit deux ans qu'elle avoit fait sa première Communion et offert à Jésus-Christ les prémices de cette sensibilité si tendre et si profonde qui la caractérise. Quoiqu'une tête vive, un esprit distingué, mais difficile à satisfaire et un caractère naturellement très-fort et peu docile fussent à la fois réunis pour lui causer des troubles qui désoloient ma mère, et qu'elle cherchoit de tout son pouvoir à calmer le sentiment de la reconnoissance envers Dieu, des dispositions vraiment admirables qu'elle discernoit dans cette chère Rosalie triomphoit de toutes ses inquiétudes : elle y voyoit le principe de cette vertu forte qui, de jour en jour, a fait en elle des progrès si consolans et que le cœur le plus tendre n'affoiblit jamais.

Ma sœur aînée qui, dans tous les momens, dans toutes les circonstances, étoit la ressource et la consolation de ma mère, et qui partageoit tout, savoit adoucir tous les maux et appaiser toutes les agitations, par la réunion du calme de sa tête à la profonde et délicate sensibilité de son cœur, devint mère peu de temps après le mariage de Pauline et mit au monde son cher Alexis, celui des petits enfans de ma mère qui eut ses dernier soins, et s'est trouvé le dernier sous ses yeux maternels ; il fut reçu de son père et de toute sa famille avec la plus grande joie.

Au mois d'Août, nous fîmes notre premier voyage à Chavaniac, et ma mère toujours attentive aux besoins de chacun de nous, nous donna Madame du Roure à qui ce voyage fit grand bien et grand plaisir.

L'année suivante, Madame de Montagu accoucha très-heureusement d'une petite fille, et la vivacité de sa première passion maternelle ne peut guères se comparer qu'à celle de ma mère pour son premier enfant : son bonheur fut bien partagé.

Monsieur d'Aguesseau, père de ma mère étoit, depuis deux ans, l'objet continuel de ses inquiétudes et des soins les plus constans que la tendresse filiale puisse inspirer; enfin après un affoiblissement graduel, il mourut cette année, âgé de quatre-vingt deux ans.

Après que ma mère eût payé un juste tribut de regrets à la mémoire de son père et rempli, avec sa délicatesse ordinaire, tout ce que son cœur et son devoir lui prescrivoient, j'obtins le bonheur de l'emmener avec moi à Chavaniac. C'étoit-là qu'à l'impression sensible de paix et de joie que la vue d'une belle campagne lui faisoit toujours éprouver, se joignoit la satisfaction maternelle qu'elle vouloit bien trouver à être chez nous, dans le lieu où Mr. de la Fayette étoit né, près de sa tante pour qui elle avoit un véritable attrait, et environnée de mes enfans qu'elle sembloit, dans ce lieu, aimer et caresser encore plus tendrement qu'à l'ordinaire. Pour moi la présence de ma mère partageant mes biens les plus chers, sembloit doubler leur prix. mes enfans l'aimoient avec tendresse, et sa bonté pénétroit leur cœur. Ma tante s'attachoit à elle par le sentiment le plus profond et qui sera ineffaçable. Tous ceux qui venoient à Chavaniac ne faisoient que répéter son éloge. Rosalie réussissoit aussi à merveille, et jamais elle ne fut plus aimable que pendant ce voyage, ce qui étoit pour ma mère une nouvelle satisfaction : son cœur ne perdoit aucune des observations consolantes ou pénibles sur ce qui intéressoit ses enfans. Il nous manquoit Monsieur de la Fayette pour partager le bien de la présense de ma mère : il étoit allé faire un voyage aux Etats-Unis, auquel il s'étoit engagé à la fin de la guerre.

Une brûlure très-forte que se fit ma mère, en lisant dans son cabinet à Chavaniac et dont elle souffrit beaucoup et eut le bras en écharpe pendant assez long-temps, n'altéra pas sa gaieté. Nous fîmes une partie de dîner dans la montagne où l'on ne pouvoit aller qu'à cheval, à âne ou en chaise à porteurs : nous prîmes ces différens moyens, et les porteurs charmés de la bonne humeur de ma mère, malgré son bras en écharpe, me disoient, *que la mère étoit plus brave que la fille.*

Elle nous quitta pour se trouver aux couches de ma sœur, et ayant passé par Lyon où elle fit un voyage qui lui plut fort, elle arriva bien à temps pour la naissance d'Alfred qui, comme son frère, a été choisi entre ses petits-enfans pour être près d'elle, avec son angélique mère, dans les derniers temps si précieux de sa vie.

Notre séparation fut prolongée, parce que je restai à Chavaniac, beaucoup plus tard, pour ramener ma tante à Paris où ma mère la revit avec une grande joie, comme elle revoyoit sa fille avec cette bonté si tendre qu'aucun sentiment ne peut remplacer.

Vers la fin de cette année, 1784, Madame du Roure qui ne s'etoit jamais consolée de n'avoir pas d'enfans de son premier mari, reçut les propositions qui lui furent faites par ma mère, en faveur de Monsieur de Thésan dont les excellentes qualités lui répondoient du bonheur de sa fille, s'il lui convenoit d'ailleurs. Elle l'épousa au mois de Décembre; et l'union tendre, parfaite et vertueuse de ce ménage a prouvé que ma mère avoit bien jugé.

L'année suivante, 1785, peu de temps après le retour de Monsieur de la Fayette, Mme de Montagu perdit sa petite fille; et quoique la vivacité de sa foi lui rendît présentes toutes les consolations qu'elle offre ; l'excès de sa douleur altéra beaucoup sa santé, ce qui affligea profondément ma mère, déjà fort occupée de celle de Rosalie. Il lui étoit venu une obstruction au foie pour laquelle on décida que les eaux de Vichy lui seroient très-salutaires. Ma mère qui étoit toujours prête à marcher là où elle voyoit un avantage pour ses enfans, conduisit sa plus jeune fille à Vichy, recommandant Pauline à ma sœur qui restoit à Paris. Je lui portai bientôt de leurs nouvelles. Je passai par Vichy en allant à Chavagniac où j'eus le bonheur d'emmener avec moi ma mère et Rosalie pendant l'intervalle des deux saisons des eaux dont ma petite sœur éprouva un très-grand bien.

Quelque temps après le retour de ma mère à Paris, Madame de Thésan devint mère pour la première fois, et ce bonheur qu'elle avoit tant desiré, fut suivi d'une maladie très-périlleuse, qui causa de bien vives alarmes, mais ne fut pas de longue durée. Elle se rétablit bientôt; mais au bout de six semaines elle perdit son fils. Les soins tendres de son mari, les dispositions chrétiennes avec lesquelles il cherchoit avec elle et pour elle les consolations de la foi, adoucissoient sa douleur, et ma mère partageoit et sa douleur et ces consolations dont elle sentoit le prix : ce ne furent pas les seules qu'il plut à Dieu de mêler, cette année, aux peines qu'entraînoient ses soins maternels. Depuis quelque temps il avoit été successivement question de plusieurs partis pour Rosalie. Elle avoit dix-neuf ans ; son âge, ainsi que sa raison la rendoient capable de peser ses propres intérêts dans une affaire si importante, et c'est au pieds du Sanctuaire qu'ils étoient pesés. Elle savoit que la meilleure manière de les assurer étoit de chercher à connoître et à suivre la volonté de Dieu, ce qui étoit bon et agréable à ses yeux, et elle refusa, de concert avec mon père et ma mère, un excellent parti qui s'offroit, parce qu'on pouvoit prévoir dans des circonstances indépendantes du personnel, quelques devoirs pénibles : „ je ne crois

» pas, disoit-elle, que le bonheur se trou-
» ve sur la terre ; mais je ne crois pas bien
» fait de s'imposer des devoirs qu'on pré-
» voit pouvoir devenir une source de pei-
» nes. « Enfin deux partis qui l'un et l'autre réunissoient des avantages dignes d'être appréciés par elle, furent balancés quelque temps ; et Dieu qui conduisoit une mère dont les vues étoient si droites et une fille occupée, avant tout, d'obtenir ses lumières et ses bénédictions, travailloit chaque jour à se sanctifier dans cette vue, permit ou plutôt ordonna, dans sa miséricorde, que Mr. de Grammont fût préféré, lui qu'il réservoit pour être un des objets de la tendresse et de la confiance de ma mère et la consolation de sa femme, lui qui recueille des bénédictions célestes de ces déchirans sacrifices dont il a si vivement senti la douleur.

Les parens de Monsieur de Grammont vinrent en 1788, pendant l'hiver, demander Rosalie pour leur fils. Elle leur fut accordée, et l'on convint de les marier l'automne suivant.

La santé de Madame de Montagu continuoit d'être fort mauvaise : il fut résolu qu'elle iroit prendre les eaux de Baguère-Luchon. Ma mère désira de l'y aller soigner elle-même, et après avoir passé quelque temps à Vichi, pour consolider le bien que les eaux avoient fait l'année précédente à Rosalie, elle fit avec elle le voyage des Pyrénées où elle eut la satisfaction d'être témoin des bons effets des eaux de Luchon, sur la santé de Madame de Montagu. Elle goûta en paix, dans ces montagnes, le plaisir du spectacle de la nature auquel elle étoit vivement sensible, et le bonheur de voir ses deux plus jeunes filles si tendrement unies, faire servir cette union même à s'animer l'une l'autre dans la carrière de la perfection, excitées encore par le désir d'attirer des grâces sur celle qui se préparoit à entrer dans un nouvel état. Il est aisé de juger que ma mère dont la plus grande joie, suivant cette expression de Saint Jean qu'elle s'appliquoit elle-même, étoit d'apprendre *que ses enfans marchoient dans la vérité*, voyoit avec ravissement celle-ci dans une si grande jeunesse, délivrée, par cette vérité, de toutes les illusions du monde, et ne cherchant qu'elle.

Nous allâmes mes deux autres sœurs et moi, à Arpajon, au-devant de ma mère, au retour de ce grand voyage. Madame de Montagu revint ensuite bien mieux portantes, et nous fûmes toutes de nouveaux réunies sous ses ailes.

Peu de temps après ce retour, ma mère tomba malade, d'abord d'un érésypèle à la tête qui nous donna quelques momens d'inquiétude, puis d'une fièvre quarte qui succéda et qui duroit encore, lorsque Monsieur de Grammont et ses parens arrivèrent pour le mariage de Rosalie. Nous lui épargnâmes tout ce que nous pûmes de la fatigue des détails; et quoiqu'elle fût à peine convalescente et bien foible encore, lors de la célébration du mariage, tout étoit si rassurant pour son cœur dans cette affaire, que toutes ses émotions furent douces. Sa santé n'en souffrit pas, et elle se rétablit d'une manière surprenante, à notre grande satisfaction.

Madame de Thésan augmenta encore, cet hiver-là, le nombre de ses petits-enfans; et au commencement de 1787, mit au monde cette petite Jenny qui est tout ce qui nous reste d'elle, et dont la naissance nous combla de joie. Ses couches furent fort heureuses cette fois-là.

Mais ma poitrine souffrit au printemps: je fus, pour ma mère, un nouveau sujet d'inquiétude, et je lui obéis, autant qu'aux Médecins, en partant, dès le mois de Juin, pour Chavaniac et Bagnols. Ces eaux me firent un bien extrême. Pendant mon absence, Madame de Montagu accoucha, pour la deuxième fois, d'une fille; et ce fut cette chère Noëmi qui, après avoir, pendant six ans, fait le charme de sa vie, a été le sujet du plus douloureux et en même-temps du plus généreux sacrifice.

Mon séjour en Auvergne se prolongea jusqu'à la fin de l'année, à cause de l'Assemblée Provinciale. Je ne rejoignis ma mère que le 15 Décembre, et nous nous trouvâmes encore tous rassemblés.

Avant d'entrer dans cet enchaînement de douleurs dont la perte d'une de ses filles fut le prélude, je voudrois encore développer le caractère de ma mère et entrer dans ce sanctuaire où sa confiance daignoit nous laisser pénétrer avec tant de bonté, où nous pouvions toutes puiser de si précieuses leçons. L'uniformité de ses principes, la rectitude de ses vues sont faciles à discerner dans toute la conduite de sa vie, et je ne pourrois mieux en donner idée, qu'en détaillant sa vie toute entière. Mais il est quelques rapports sous lesquels je ne l'ai pas encore montrée : je dois à la vérité, je dois au souvenir de la fidélité avec laquelle elle faisoit toujours remonter tous les dons à leur source première, de dire que c'est dans un fréquent usage des Sacremens que ses vertus prenoient cette force. Elle étoit si pénétrée des avantages sensibles que la présence de Jésus-Christ lui apportoit, que, lorsque quelqu'inquiétude d'esprit l'empêchoit de se procurer ce bonheur, elle étoit encore plus alarmée de la privation même de ce Bien, que de l'inquiétude qui en avoit été la cause. Dans ma grande jeunesse, je la voyois communier tous les mois, puis tous les quinze jours, ensuite chaque Dimanche, et quelquefois encore dans la semaine. Son goût pour les Offices publics étoit fervent; elle se nourrissoit des passages des Pseaumes avec délices, et nous disoit, avec effusion de cœur, les jours que ces Offices étoient plus longs, qu'elle éprouvoit bien ce que dit David, Pseaume 83: *Un seul jour dans votre Maison, Seigneur, vaut mieux que mille partout ailleurs.* Sa religion n'avoit aucune petitesse, sa piété aucune minutie. Un esprit à la fois étendu et profond qui envisageoit les plus petits objets sous toutes leurs faces et voyoit mille et mille raisons pour et contre chaque chose; une âme droite et élevée qui, laissant au dessous d'elle les préjugés et la prévention, étoit pourtant susceptible d'impressions assez vives pour avoir besoin de toute la force de son caractère pour les empêcher de nuire à son jugement, éloignoient de ce caractère, si fort, tout ce qui auroit pu le rendre tranchant, et me semblent avoir été la source de ces incertitudes, de ces inquiétudes continuelles qui faisoient son supplice. Quoique le fonds inaltérable de sa confiance en Dieu l'affranchît de la crainte de la mort, et que la droiture de son cœur fît habituellement une réponse consolante pour elle, mille et mille tourmens renaissoient sans cesse et troubloient toutes les douceurs de sa vie. "

Il me reste à parler de sa manière d'être avec ses domestiques. Le devoir de la vigilance sur eux, étoit un de ceux qui répugnoient le plus à son caractère; elle travailloit par principes à le remplir. Elle étoit sans cesse occupée des moyens de leur être utile, soit par de bons livres, soit par des leçons salutaires et toujours solides; la prédication à contre temps étoit celle à laquelle elle étoit le moins propre : mais lorqu'elle entrevoyoit quelques moyens de faire effet

et

et de leur être vraiment utile, alors sa charité ardente s'enflammoit pour eux ; elle devenoit presque leur mère, et s'occupoit d'eux avec un zèle et une suite qui a peu d'exemple. Les soins qu'elle leur procuroit lorsqu'ils étoient malades, étoient du genre de ceux qu'elle prenoit pour ses enfans. Lorsque quelques désordres l'obligeoient à en renvoyer, le secret de ce qui l'y avoit obligée étoit gardé, par elle, comme celui de son meilleur ami, et elle aimoit mieux qu'on pût la soupçonner de légèreté, de prévention et de dureté, que de faire le moindre tort à ses domestiques : nous-mêmes n'étions pas informées de ce qui étoit à leur désavantage, malgré nos importunités pour demander grâce. Tous la vénéroient ; mais ils se plaignoient quelquefois d'une impatience qu'elle avoit trop laissé devenir une habitude. Le goût de la perfection en tout genre, l'inquiétude de son esprit, une paresse naturelle qui l'empêchoit de se préparer d'avance à ce qu'elle ne se croyoit pas obligée de prévoir, l'aversion pour la pédanterie, qui lui en donnoit un peu trop pour la méthode ; telles étoient, ce me semble, les causes d'un défaut qui n'a jamais empêché aucune des personnes qui l'entouroient d'éprouver, de distinguer sa bonté et de révérer en elle la vertu la plus admirable. Aussi une femme de chambre qui l'a suivie jusqu'à la fin la pleure-t-elle comme sa mère, et *Le M. sle*, son ancien valet de chambre est-il devenu presque fou de douleur de l'avoir perdue.

Quant à sa charité pour les pauvres, j'ai déjà dit qu'elle ne s'étoit jamais regardée que comme l'administrateur de la fortune que la Providence lui avoit donnée : sa délicatesse de conscience sur ce point alloit jusqu'au scrupule ; et avec une noblesse de sentimens qui ne lui faisoit mettre aucune valeur à ces biens, elle ne se permettoit pas un voyage pour son plaisir, pas une fantaisie, et craignoit toujours d'avoir du superflu, ce qui lui paroissoit voler le patrimoine des pauvres. J'ajouterai que son amour pour la justice et sa bonté naturelle lui faisoient trouver alternativement une très vive consolation et l'occasion d'une sollicitude fatiguante dans les abondantes aumônes qu'elle répandoit autour d'elle. Celles qu'elle faisoit dans ses Terres, étoient distribuées avec une intelligence et un discernement admirables ; sa mémoire y est en bénédiction. Ce que sa tendresse lui inspiroit pour ses enfans, étoit le modèle du bien que sa charité cherchoit à procurer aux pauvres de ses Terres, spécialement aux enfans et aux infirmes. Nous voyons positivement par une disposition de son testament, qu'elle regardoit en particulier la charité pour les petits enfans et le soin de leur éducation comme un mode d'actions de grâces pour les Bénéditions que Dieu avoit répandues sur les siens.

Mais je sens mon incapacité pour peindre ma mère sous tout autre rapport que ce qui nous regarde : je reviens donc à cet article, et je reprends la suite de cette vie que la tendresse maternelle animoit à tous les instans.

A cette époque de 1788, malgré les sollicitudes inséparables du bonheur d'être environné d'une si nombreuse famille, elle goûtoit, par cette famille même, de grandes consolations. La plus jeune de ses filles, mariée depuis un an, et qui étoit restée avec elle, réunissoit à la tendresse pour son mari la plus vive et la mieux partagée, une conformité de principes, de sentimens, de goût pour la vie retirée, qui pouvoit faire espérer pour eux la vie la plus douce et la plus heureuse qu'on puisse mener sur la terre. Plus elle connoissoit Monsieur de Grammont, plus elle l'aimoit tendrement, et regardoit comme un des gands bienfaits de Dieu de l'avoir pour époux.

Sa quatrième fille, Madame de Montagu étoit chérie de la famille où elle étoit entrée. Son dévouement à ses devoirs qui l'empêchoit d'être toujours auprès de ma mère, lui étoit moins pénible par l'attachement si tendre de son mari pour elle, et par celui qu'elle avoit pour lui : lorsqu'elle se retrouvoit près de ma mère, c'étoit pour elle des jours de fêtes, et ils revenoient souvent.

Sa troisième fille, Madame de Thésan, étoit aimée avec passion du mari le plus estimable. Elle avoit une petite fille charmante, ce qui avoit été long temps l'objet de ses vœux.

Sa seconde fille dont les tourmens avoient été si long-temps le sujet de ses alarmes, étoit presqu'aussi heureuse mère qu'heureuse femme, et ses enfans commençoient dejà à retracer quelques-unes des qualités que ma mère aimoit tant dans leur père : ils sembloient dejà sentir le bonheur d'être ses petits-enfans. Cette seconde fille dont l'activité fatiguante étoit souvent un inconvénient, avoit aussi quelquefois l'avantage de servir les sollicitudes de ma mère pour tout ce qui pouvoit l'intéresser. Enfin Madame de Noailles sa fille aînée, sans être distraite par le sentiment si profond et si tendre qui l'attachoit à son mari, étoit pour ma mère, à tous les momens, et le repos de son esprit, par la justesse, la lumiére et l'incomparable délicatesse du sien, et le charme de sa vie, par la sensibilité de son cœur : c'étoit sa ressource pour tous les besoins de la famille dont elle étoit aimée avec prédilection. Toute cette famille réunie environnoit chaque jour notre mère, et se retrouvoit sans cesse sous ses ailes.

Au mois d'Août 1788, cette union si tendre éprouva son premier déchirement, et il fut bien cruel. Vers la fin de Juillet, Madame de Thésan étoit accouchée d'un fils. Quelques heures après, un accident de la nature la plus grave fit craindre pour sa vie. Le danger se dissipa pourtant assez promptement; les soins ordinaires de ma mère étoient encore animés par la violence des inquiétudes qu'elle avoit senties. Madame de Thésan sembla se rétablir : elle avoit changé de lit et commencé à manger, lorsqu'après le quatorzième jour, les accidens revinrent. Je fus appelée dans la nuit et chargée, de la terrible commission, d'annoncer à ma mère le danger de ma pauvre petite sœur; en ce moment il paroissoit moins pressant, et l'on espéra beaucoup, jusqu'à dix heures du matin ; mais alors son état devint menaçant. On envoya chercher plusieurs Médecins, et quoiqu'elle se fût préparée à ses couches comme à la mort, et que son âme fût bien pure, Madame Dubois, sa garde, se chargea de lui parler de se confesser : elle y consentit avec joie, entrevit son état, se soumit de bon cœur à la volonté de Dieu et peu de temps après, perdit connoissance. Son Confesseur n'étant pas à Paris, nous fûmes chercher l'Abbé EdgeWorth ; (*) elle étoit à l'agonie lorsqu'il arriva. Le temps manqua pour avoir les Saintes Huiles ; elle eut seulement la grâce de l'Absolution, et nous la perdîmes avant deux heures. Ma sœur et moi ne la quittâmes point, non plus que ma mère à qui sa propre douleur, dans un pareil moment, ne faisoit pas oublier celle de ses deux plus jeunes filles, toutes deux très-avancées dans

---

(*) Confesseur de Louis XVI qui l'a assisté, à sa prison du Temple, dans ses derniers momens et jusque sur l'échafaud, où il périt, le 21 Janvier, 1793.

leur grossesse. Elle leur avoit interdit, pour cette raison, l'entrée de la maison où elle recevoit les derniers soupirs d'une fille si tendrement aimée de nous toutes. Ma mère eut la force de les aller retrouver aussitôt chez moi, où elle leur avoit ordonné de demeurer, et en unissant sa douleur à celle des quatre enfans qui lui restoient, elle leur donnoit l'exemple d'une vertu surnaturelle seule capable d'égaler cette tendresse maternelle qui déchiroit son cœur, en même-temps qu'elle soutenoit ses forces qu'un tel malheur sembloit devoir accabler. Monsieur de Thésan étoit alors à son régiment : elle s'occupa de le préparer à ce malheur, nous fit écrire à sa sœur pour cet objet, et pouvut à tout avec un courage plus qu'humain. Mais la douleur profonde que cette perte lui causa ne s'est jamais effacée de son âme pendant tout le reste de sa vie; elle a toujours senti avec déchirement ce qui manquoit à son cher troupeau.

Mon père étoit absent à cette époque douloureuse. Madame de Noailles, Madame de la de la Fayette et Madame de Grammont par qui la douleur commune étoit si bien partagée, adoucissoient la plaie de son cœur, par la délicatesse de leurs soins

Madame de Grammont accoucha peu de temps après, et son enfant mourut un quart d'heure après sa naissance et son Baptême. Madame de Montagu accoucha six semaines plus tard. Il est aisé de juger quels serremens de cœur empoisonnoient la douceur des soins que ma mère donnoit à ses filles en pareille circonstance. Il est vrai que, d'un autre côté, la sensibilité de ces jeunes mères et leur vertu qui croissoit au milieu des tribulations, multiplioient les seules consolations qu'elle pût recevoir.

Vers la fin de cette année, les mouvemens qui avoient agité la France annonçoient une prochaine Assemblée des Etats-Généraux Ma mère étoit loin de craindre les changemens qui pouvoient intéresser la vanité et même les renversemens de fortune. Je l'ai vue souvent se féliciter de la suppression de plusieurs droits dont l'exercice

n

lui donnoit une responsabilité ; mais elle avoit, par la droiture et la délicatesse de sa conscience, une grande horreur de tous les excès, une aversion extrême pour tous les genres de troubles, et elle redoutoit le développement des passions. Elle prévoyoit d'ailleurs que Monsieur de la Fayette, qui lui étoit si cher, alloit jouer un grand rôle, et elle étoit pénétrée d'effroi des symptomes de la révolution. Ce sentiment joint à celui de l'amertume profonde que la perte de sa fille avoit laissée au fond de son cœur, y étoit imprimé d'une manière terrible au commencement de 1789.

Vers la moitié de Janvier, elle tomba malade d'une fluxion de poitrine dont elle fut réellement fort mal : notre douleur à tous étoit inexprimable. Le cinquième jour elle fut dans le plus grand danger. Pendant la nuit qui suivit cette affreuse journée, je me cachai dans sa chambre, sans qu'elle m'apperçût, pour profiter d'un bon moment et lui parler de voir son Confesseur ; sa femme de chambre s'y prit avec beaucoup d'adresse : elle y consentit avec joie, et le sixième jour de sa maladie, elle reçut tous ses Sacremens : le Prêtre qui les lui apportoit lui dit : *Celui qui vient aujourd'hui vous visiter, est celui en qui vous avez si souvent trouvé votre ressource.* Mais quoiqu'il eût à lui dire de consolant, il avoit à peine la force de lui parler, en voyant l'état de ses enfans qui environnoient son lit. Pour ma mère, la vue de tous ses enfans la fortifioit, loin de l'affoiblir : son cœur saignoit seulement de voir qu'il en manquoit une : il n'étoit pas un de leurs soins qui ne portât de la douceur dans son âme, et elle nous a dit depuis qu'elle en eût trouvé, croyoit-elle, à mourir ainsi en nous bénissant. Pour nous, nous étions incapables de goûter aucune consolation, avant qu'elle nous fût rendue, et le soulagement que nous devions à la manière si tendre dont nos alarmes étoient partagées par ce qui nous étoit cher, la douceur, en particulier, de voir Madame de Lesparre s'associer à tout ce que nous éprouvions, avec ce charme de sensibilité qui lui étoit propre, tout cela ne fut bien senti que le septième jour où une crise heureuse nous rendit les plus grandes espérances. Nous vîmes alors avec un attendrissement auquel notre cœur un peu dilaté commençoit à se livrer, combien ma mère étoit chérie. Monsieur de Noailles partageoit de la manière la plus sincère et la plus tendre les inquiétudes de ma sœur. Monsieur de la Fayette en éprouvoit de personnelles, avec ce sentiment filial si profond et si tendre qui l'attachoit à ma mère. Le pauvre Monsieur de Thésan étoit pénétré, et si Monsieur de Montagu étoit quelques momens occupé d'autre chose que de la malade, c'étoit de ses propres alarmes; qu'il laissoit pourtant à peine entrevoir, sur la violence de l'état de sa femme. Monsieur de Grammont étoit alors chez ses parens en Bourgogne, et ne revint que pour partager notre première joie et donner à ma mère des soins aussi tendres qu'utiles, pendant une convalescence où il se réveilla de l'inquiétude sur l'état de sa poitrine. Madame de Tessé étoit charmante; toutes les ressources de son esprit et de son cœur étoient dévouées à ma mère et à nous. Mon père partageoit nos soins comme nos sentimens. Madame de Ségur étoit affectée profondément : tout ce qui servoit ma mère étoit pénétré, et de tous les gens de sa maison, il n'en est aucun de qui le zèle ne fût l'expression des plus touchantes alarmes et de l'attachement le plus sincère.

Cet intérêt ne se renfermoit pas dans l'enceinte de notre maison : tout le quartier, surtout les pauvres, venoient sans cesse s'informer des nouvelles de ma mère, et prenoient part d'abord à nos inquiétudes, puis à notre joie.

Les remèdes commencèrent à opérer le septième jour, et le douzième ma mère fut entièrement hors d'affaire. La vue du bonheur de ses enfans lui faisoit trouver du plaisir à vivre encore pour eux, quoiqu'elle ne cessât de leur répéter qu'avec sa confiance en Dieu, la mort lui eût été douce au milieu de nous, en recevant les témoignages de notre tendresse, et nous laissant disposés selon son cœur.

Sa convalescence, comme je viens de dire, fut mêlée d'alarmes qu'elle crut toujours sans fondement. En effet au bout de quelques semaines d'une toux accompagnée d'une fièvre lente qui nous inquiétoit beaucoup, il lui suivint un dépôt a la cuisse, qui fut la crise de son état; et après qu'il fut percé, elle se rétablit parfaitement. Dieu vouloit que nous tous, et moi en particulier, nous reçussions encore des preuves de sa bonté maternelle; il vouloit la purifier encore et proportionner le prix à la carrière douloureuse qu'il alloit ouvrir devant elle.

Nous y goûtâmes, pendant quelques mois, tout le charme de notre bonheur, et ma mère vouloit bien y prendre part d'une manière touchante et qui lui donnoit une vraie gaieté. Les orages de la révolution succédèrent bientôt, et ma mère qui en avoit déjà prévu une partie avec terreur, qui vit ensuite, avec des inquiétudes de tout genre, la part active qu'y prenoit Mr.

de la Fayette, le jugeoit cependant, dans tous les détails de sa conduite, avec cette lumière que donne l'*application* du cœur. Elle le vit toujours sur le bord du précipice, mais toujours digne d'être estimé et aimé. Elle étoit avec nous à Versailles pendant les divers événemens qui précédèrent et suivirent le 14 Juillet; elle partageoit ses soins entre ses deux filles aînées dont toutes les impressions étoient communes; et Madame de Grammont qui étoit grosse et pour qui elle craignoit souvent les saisissemens. Pauline étoit à Luchon cette année là. Ma mère eut la bonté de garder mes filles avec elle, jusqu'au milieu d'Octobre, tant à Versailles qu'à Paris. Je ne repasserai pas ici sur tant d'événemens : c'est de ma mère seule que je veux m'occuper. Je dirai seulement que tout ce qui étoit contre l'ordre la révoltoit plus fortement que personne au monde, que tous les grands mouvemens étoient de plus antipathiques avec son caractère, mais que jamais les préjugés qu'elle détestoit ne venoient s'unir à tout cela pour l'aigrir, qu'elle cherchoit toujours, au milieu des troubles, la vérité et la justice, que l'embarras de voir clairement la vérité lui étoit insupportable, ainsi que les préventions qu'elle voyoit diriger, de tous les côtés, les jugemens de tant de personnes. Elle partageoit tout ce qui nous intéressoit dans le détail de chaque circonstance avec cette tendresse indulgente qui, cependant, vouloit toujours être indulgente avec justice. C'est ainsi qu'elle s'occupoit de nous à tous les momens, et qu'elle m'en faisoit passer de bien doux, au milieu de la violence des situations à cette époque, par les preuves de son affection pour Mr. de la Fayette, si touchantes et si multipliées.

Les secondes couches de Mme de Grammont qui furent fort heureuses, mais pendant lesquelles on eut de vives inquiétudes pour son enfant, le malheur qu'eut Mme de Montagu de perdre sa troisième petite fille, enfin la naissance de notre chère Euphémie, furent les événemens de son intérieur qui la distrayoient des événemens publics.

La

La première Communion de ma fille à la Pentecôte 1790, fut un moment de consolation bien vive pour elle. Je songerai toute ma vie que c'est sous les yeux de ma mère et bénie par elle que je l'ai présentée à Jésus-Christ. Laure Ségur eut dans ce même temps le même bonheur; les vœux et les sollicitudes de ma mère pour qu'il fût durable ont été couronnés: Dieu a comblé cette jeune personne de ses plus grandes Miséricordes, et la fidélité qu'il lui donne pour y répondre, la rend un exemple propre à la fois à nous encourager et à nous confondre.

Cette même année, au mois de Juin, je fus fort malade d'une rougeole qui donna à ma mère les plus vives inquiétudes. La tendresse et la bonté de ses soins étoient inexprimables, et d'après tout ce que j'en ai déjà dit, on ne sera pas surpris qu'aucun des événemens publics de cette époque, quelques frappans qu'ils fussent, ne lui donnât des distractions sur mon compte. Pendant ma convalescence, elle loua, pour y mener mes enfans et moi, une petite maison à Boulogne où nous passâmes un mois avec elle, et où sa bonté sembloit se surpasser encore.

Nous revînmes à Paris vers le milieu d'Octobre, et elle fut à Saint-Germain.

L'hiver suivant fut bien agité pour elle, et j'en fus souvent la cause. Au milieu des troubles que la Constitution civile du Clergé faisoit naître, je crus quelquefois avoir des moyens de servir la cause de la Religion : la sincérité avec laquelle Monsieur de la Fayette servoit celle de la liberté m'offroit des ressources, et ma mère, malgré son excessive répugnance à se mêler d'affaires, avoit un tel désir du bien, que je la déterminai à causer avec quelques personnes pieuses qui pouvoient le procurer, en s'entendant avec nous sur quelques objets. En cette occasion, comme en toutes celles où elle traitoit quelque chose d'important, sa méthode étoit toujours d'aller au fond des questions, d'une manière conforme à la solidité de son esprit et à la droiture de son cœur. Elle trouvoit trop souvent, dans ceux à qui elle parloit, de la petitesse et des préventions dans l'esprit, une vacillation dans le jugement qui la faisoient revenir presque toujours mécontente des secondes conversations, lors même qu'elle avoit été encouragée par les premières et qu'elle admiroit la vertu de ceux qu'elle avoit entretenus.

L'acceptation de la Constitution par le Roi mit fin à ce genre de sollicitudes : ce fut le moment de la retraite de Monsieur de la Fayette. Elle partagea l'ivresse de ma joie, et se destina à en venir goûter avec nous à Chavaniac les premiers instans. Elle s'arrêta d'abord à Plauyac, chez Madame de Montagu, et c'est-là qu'elles passèrent ensemble les derniers jours où il fut donné à cette chère Pauline de goûter encore toutes les douceurs de cette tendresse filiale, la seule passion de son cœur : elle répondoit ainsi à ma mère en qui le sentiment maternel étoit le plus vif de tous. C'est dans ce voyage que ma sœur reçut ses dernières leçons et recueillit ses derniers exemples.

Lorsqu'elles se quittèrent, quoiqu'avec un déchirement bien terrible, le départ de Pauline pour l'Angleterre étant presque résolu, elles étoient loin encore de prévoir que cet adieu seroit jusqu'au jour de l'Éternité. Ma mère emporta avec elle l'ineffable consolation qu'elle recevoit par la vue des dons de Dieu sur sa fille.

Ce fut le 4 de Novembre qu'elle arriva dans notre retraite à Chavaniac, et nous eûmes le bonheur de l'y conserver jusqu'à la moitié de Décembre. Mr. de la Fayette qui sentoit si profondément ce bonheur et le prix d'une telle mère, notre tante qui en étoit pénétrée pour lui et presque comme lui, mes enfans, tous ceux qui habitoient Chavaniac et qui ont été témoins de ce séjour, seroient plus capables que moi de peindre ce que mon cœur flétri par la douleur essayeroit vainement de retracer. Elle étoit véritablement plus heureuse que moi de mon propre bonheur. Monsieur de la Fayette resté le même, après trois années passées au milieu de tels orages;

conservant cette simplicité de mœurs, cette fleur de sentiment pour sa tante et même pour le lieu de sa naissance, heureux au milieu de ses enfans, heureux de se voir chéri de deux mères qu'il aimoit si tendrement : ce spectacle si doux renouveloit, rajeunissoit les facultés de ma mère : mon fils qui nous arriva un peu plus tard et dont la présence fut le complément de la joie de ses sœurs, le fut aussi de la sienne ; elle s'unissoit à tous les sentimens même de ses petits enfans. Son cœur dilaté s'épanchoit en la présence de Dieu par l'action de grâces ; elle s'édifioit de la piété qu'elle voyoit dans le Village, revenoit partager, avec ma tante, les consolations qu'elle goûtoit et parmi lesquelles sa présence à elle-même tenoit tant de place : elle s'affligeoit de voir qu'une convalescence morale bien pénible, après tant de troubles, m'empêchât encore de me livrer à la même dilatation de cœur. Il est aisé de juger si je sentois le prix de sa bonté et le bonheur de la posséder. C'étoit toujours avec douleur que je me séparois d'elle ; mais j'espérois la revoir peu de temps après, et il n'y eut rien de violent dans cette séparation qui devoit être pourtant la dernière de ma vie. De combien d'années de cette vie eussé-je payé depuis le bien d'une heure de réunion, lors même que c'eût été d'entre mes bras qu'elle dût être ensuite arrachée.

Depuis cette époque, je ne puis plus parler de ma mère que d'après des lettres et des témoignages étrangers. Peut-être quelque jour pourrai je réunir davantage de ces détails précieux que je n'ai pu même encore avoir la consolation de rassembler avant de venir m'enfermer ici. Je me bornerai donc à recueillir aujourd'hui ceux que me fournit la correspondance de cet ange qui, sans cesse occupée des soulagemens de mon cœur, savoit charmer par ses soins, toutes les amertumes, et adoucir celle-même de la séparation, et ce que j'ai pu apprendre par la conversation de deux ou trois personnes qui me seront toujours, et à si juste titre, un objet d'envie.

A peine ma mère étoit-elle à Paris, que Madame de Lesparre tomba malade et mourut en trois jours d'une maladie de poitrine, de cette mort des Justes et avec cette paix ineffable qui annonçoit qu'elle touchoit à sa récompense. Après une vie entière de tribulations et d'immolation continuelle à tous ses devoirs, elle étoit mûre pour l'Eternité. Dieu voulut lui épargner le malheur de survivre a son père, qui étoit celui qu'elle redoutoit le plus, et l'horreur des deux années qui devoient suivre. La chambre de cette sainte personne, son lit de mort étoit un Sanctuaire ; tous ceux qui l'environnoient étoient des anges. Les exemples qu'on avoit reçus d'elle réprimoient les murmures et apprenoient à se soumettre, au milieu des déchiremens du cœur. On dit la Messe dans sa maison, la nuit même de sa mort, et ceux à qui elle étoit arrachée cherchoient dans ce Sacrifice des forces pour consommer le leur. Ma mère avoit besoin d'en trouver de surnaturelles : elle perdoit l'amie la plus tendre, la ressource de tous les momens de sa vie. Cet Ange consolateur qui lui étoit donné pour la fortifier et tout partager avec elle dans sa douloureuse carrière, ma sœur aînée étoit alors employée à la même fonction auprès de moi, pendant que Monsieur de la Fayette étoit appelé à l'armée à plus de cent lieues, et elle ignoroit encore cette affreuse perte, une des plus sensibles qu'elle pût éprouver. Rosalie étoit seule auprès de ma mère ; l'extrême sensibilité de son cœur rendoit ses soins précieux ; mais elle étoit prête d'accoucher, et avoit besoin elle-même des soins maternels. Ma sœur arriva peu de temps après, et ma mère qui connoissoit la vivacité de sa tendresse pour Madame de Lesparre, sembloit oublier sa propre douleur, pour n'être occupée que de la sienne. Peu de temps après, Rosalie accoucha fort heureusement d'une fille, et ce fut un moment de consolation : on ne pouvoit se livrer long-temps à des sentimens doux, la crainte d'une guerre prochaine étoit une source d'alarmes, et quoique de loin, mes inquiétudes n'en étoient que plus amèrement partagées. Mr. de la Fayette revint de l'armée, passer quelque temps à Paris. Ma mère me mandoit avec quel plaisir elle retrouvoit, toujours, comme à Chavaniac, les sentimens qu'il avoit goûtés près d'elle et ceux qu'elle avoit goûtés près de lui étoient les mêmes, et rien ne pouvoit les altérer dans le cœur de l'un et de l'autre. Il repartit bientôt pour l'armée, et la déclaration de guerre ouvrit une nouvelle source de maux.

Ce fut bientôt après que Pauline qui avoit été fort malade, en Angleterre, et qu'on espéroit de revoir, perdit sa petite Noëmi. Cette déchirante nouvelle fut suivie de celle de son départ pour les Pays-Bas, et par conséquent, de son établissement en Pays Etranger, loin de ces soins maternels si propres à adoucir les plaies de son cœur. Ma mère qui les avoit toutes senties si douloureusement, et pour qui il étoit si nouveau de ne les partager que de loin, la remettoit sans cesse entre les bras de celui en qui elle cherchoit son propre refuge. Elle songeoit que cette chère enfant étoit uniquement dirigée par la vue de l'ordre de Dieu et de ses devoirs ; et cette pensée soutenoit ses forces dans sa douleur ; elle bénissoit Dieu de ce qu'il lui en faisoit trouver dans le courage même de sa fille.

Les événemens du 20 Juin survinrent alors, et dans le même temps ceux de l'Armée de Flandre ayant motivé la retraite de Monsieur de Noailles, elle vit, dans cette résolution, un effet de la protection du Ciel sur lui, accordée à l'Ange qui n'a cessé de le protéger.

Ma mère éprouva une autre consolation bien sensible, par la générosité de mon père qui, d'après les événemns du 20 Juin, accourut de Suisse où il étoit en paix à soigner sa santé, pour partager les dangers de tout ce qui lui étoit cher, et qui, dans ces momens, le livroit avec sa famille à toute la sensibilité de son cœur.

La lettre de Monsieur de la Fayette pour dénoncer les Jacobins et sa courageuse démarche à la Barre de l'Assemblée furent pour elle une de ces consolations profondes dont le sentiment, j'en suis bien sûre, est resté, pour la vie, au fond de son cœur, et y étoit présent au milieu des plus cruels orages; il me fut exprimé de manière à fortifier l'impression que je recevois moi-même de cette démarche.

Ce fut alors que Monsieur de la Fayette la vit pour la dernière fois et qu'il reçut d'elle-même l'expression des vœux si tendres qui ont protégé sa vie. Ma sœur étoit là avec ma mère, et c'étoit presque un dédommagement du malheur de n'y être pas moi même.

Peu de temps après, les troubles que le voisinage des Thuilleries, de l'Assemble et des Jacobins occasionnoit dans la maison, engagèrent ma mère à changer de quartier, et le dix Août elle étoit avec Madame de Grammont dans une petite maison, Faubourg Saint-Germain. A l'horreur générale, se joignit, pour elle, celle de trembler toute la matinée pour mon père qui étoit aux Thuilleries, et bien plus long-temps encore pour Monsieur de Grammont qui fut cherché parmi les morts, de manière qu'en les revoyant, des actions de grâces terminèrent cette horrible journée.

Je n'étois pas oubliée au milieu de tous ces bouleversemens. Ma mère en qui le sentiment de la tendresse surpassoit celui de la crainte, ma sœur dont les dangers personnels n'ont jamais détourné la pensée ni des dangers, ni même des inquiétudes de ce qui lui étoit cher, en écrivant toutes deux avec une exactitude que rien ne dérangeoit, et un charme qui savoit toujours agir sur mon cœur.

Quelques jours après, ma mère fut conduite à l'Hôtel de Ville avec mon père, pour y rendre compte des motifs qui lui avoient fait quitter son domicile ordinaire: on fut content de leurs réponses et ils retournèrent à l'Hôtel de Noailles.

A cette époque Monsieur de la Fayette devint l'objet de leurs plus cruelles alarmes, et rien n'a jamais égalé, m'a-t-on dit, les angoisses de leurs cœurs, pendant les trois jours qui précédèrent son départ de France.

Ce fût encore à mon angélique sœur que je dus les nouvelles de ce départ, et au milieu des horreurs et des dangers qui les environnoient, le sentiment du bonheur de la conservation de Monsieur de la Fayette dominoit tous les autres, et on le distinguoit dans les lettres de ma sœur, malgré la nécessité d'écrire d'une manière très-obscure.

Elles ne purent sortir de Paris avant le 2 Septembre : il est aisé de juger ce qu'elles souffrirent, et de la terreur qu'inspirèrent d'abord les emprisonnemens où il y avoit à craindre que mon père ne fût compris et de l'horreur de leur position, renfermées chez elles pendant cette effroyable journée et celles qui la suivirent. Au premier moment de l'ouverture des portes de Paris, Rosalie et son mari partirent pour leur Département ; ma sœur accompagna ma mère à Poissy chez Madame d'Aguesseau qui les retira là quelque temps ; et qu'elles préférerent, à cause du voisinage de Saint-Germain où mon grand père n'osoit pas encore rassembler sa famille, et où mon père seul étoit près de lui, partageant ses momens entre Saint-Germain et Poissy.

Ma mère éprouva quelque soulagement à se trouver à la campagne, hors de cet horrible gouffre ; mais la nouvelle de mon arrestation au Puy vint lui causer une nouvelle angoisse, et elle fut terrible. Elle écrivit sur le champ à Monsieur Roland (Ministre de l'Intérieur) qui lui fit répondre des absurdités, mais qui pourtant lui persuada qu'il ne me vouloit point de mal, ce qui étoit vrai. Elles m'envoyèrent un Valet de Chambre de ma sœur qui fut témoin de mon retour à Chavaniac, et elles furent du moins rassurées sur mon compte.

Jusqu'à la fin de l'année, ma mère fut assez calme dans sa retraite où mon père lui donnoit des soins touchans. Monsieur de la Fayette dans sa prison, moi dans la mienne à Chavaniac, Pauline dont la sûreté physique étoit un repos, mais dont les souffrances du cœur étoient devinées et partagées ; telles étoient les occupations constantes de ma mère et de ma sœur qui trouvoit toujours quelques moyens de nous servir.

Monsieur Morris dit qu'il pouvoit se charger de faire passer une lettre de moi au Roi de Prusse, et elles me dépêchèrent Monsieur Beauchet qui arriva, au milieu des neiges, avec un modèle de lettre composé par Monsieur Morris, dont ma mère étoit fort mécontente Il en remporta une de moi dont elle voulut bien de plus me montrer son approbation, d'une manière si touchante pour moi, que je puis distinguer le moment où je reçus cette lettre de ma mère, comme une des plus tendres consolations que j'aie pu goûter, depuis que j'étois séparée d'elle.

La mort du Roi et toutes les circonstances qui précédèrent et accompagnèrent cet horrible attentat, tout ce que l'admirable courage et la piété du Roi réunirent de cruel et de déchirant fut senti par ma mère d'une manière terrible. Elle vit en même-temps l'impression profonde que mon père en recevoit, et elle espéroit que cette impression ne seroit pas sans fruit. Peu de temps après, mon grand père la désira à Saint Germain, et elle s'y établit avec ma sœur et ses enfans.

Pendant cet hiver de 1793 et le printemps suivant, ma mère et ma sœur faisoient à Paris de fréquentes courses. C'étoit-là qu'elles réfléchissoient le peu d'information qu'on pouvoit avoir sur le sort de Monsieur de la Fayette. Elles m'indiquèrent quelques moyens de lui écrire, reçurent du jeune Monsieur de Custine quelques idées sur ceux de le servir, m'apprirent le zèle de Monsieur Pinkney, de Madame d'Hénin; enfin il étoit leur plus constante occupation, au milieu de leurs dangers personnels. Elles virent le Valet de Chambre de Monsieur de la Fayette échappé de sa prison, souffrirent d'en apprendre si peu par lui, et lui fournirent les moyens de me venir trouver.

Mais ce qu'elles venoient surtout chercher à Paris

à Paris, c'étoient les secours et les consolations de la Religion; elles y venoient renouveller leurs forces, et les effets sur elles en étoient sensibles et bien évidemment surnaturels. Adorons les desseins de Dieu et les voies par lesquelles il consomme l'Ouvrage de la Sanctification de ses Élus. Ne murmurons même pas de ce que cet attrait qui les ramenoit sans cesse dans la Capitale contribuoit à écarter l'idée de s'éloigner de ce dangereux séjour où pourtant on n'a cessé de trouver ces précieuses ressources. Le souvenir de leur ferveur dans ces retraites où elles se conservoient au milieu des plus grands orages, ranime encore la piété de ceux qui s'y unissoient à leurs prières. Nous leur étions présens, et c'est là que tant de Grâces que nous avons reçues étoient demandées et obtenues.

Ma sœur avoit été demandée, par son mari, en Angleterre, mais se trouvant la seule des filles de ma mère auprès d'elle, tremblant de nuire à l'éducation de ses enfans, ne pouvant, j'en suis sûre, s'éloigner encore de moi, craignant de laisser après elle quelques personnes compromises, elle s'immola à ma mère, à ses enfans, à la charité, et se servit du prétexte de la conservation de sa fortune, pour obtenir de rester en France : on dit que ma mère eut quelque velléité d'en sortir ; mais je ne sais pas bien positivement à quelle époque.

Elle étoit toujours prête à me servir de toutes les manières, et dans une circonstance où il étoit d'un grand intérêt pour moi que les affaires de mon mari ou plutôt celles de nos créanciers fussent traitées dans le Département que j'habitois, malgré toute la répugnance qu'elle y pouvoit sentir. Elle fut elle-même chez le Ministre Garat, et lui parla avec cette élévation qui lui étoit naturelle et qui la rendoit éloquente.

Au mois d'Avril 1793, mon père tourmenté pour des certificats de résidence qu'on ne trouvoit pas parfaitement en règle, fut obligé de nouveau de s'éloigner de sa famille, pour se rendre à Versoy; cette séparation affligea profondément ma mère.

Peu de temps après, elle espéra me venir voir à Chavaniac avec ma sœur. Elles avoient même obtenu leurs passeports, et quoiqu'il me fût impossible de me livrer à aucune joie paisible dans un moment où je n'aspirois qu'à sortir de France, il est aisé de juger ce qu'étoit, pour mon cœur, l'idée de les embrasser. Mais notre commun espoir ne fut pas de longue durée; une maladie de mon grand père, l'état de dépérissement où il étoit ne leur permit pas de s'éloigner de lui. Elles se consacrèrent à des soins qu'il recevoit avec bonté, mais qui étoient accompagnés des plus vives et des plus douloureuses sollicitudes.

Au mois de Mai, nous reçûmes les premières lettres de Monsieur de la Fayette; elles ranimèrent les forces de ma mère qui, au milieu des angoisses de tout genre, a toujours senti le charme de retrouver, dans toutes les positions, ce même caractère pour lequel elle avoit un attrait si tendre.

L'été se passoit douloureusement, et les inquiétudes sur l'état de mon grand père croissoient tous les jours, lorsqu'à la fin d'août un crachement de sang le fit périr en vingt quatre heures, bien plus précipitamment encore qu'on ne l'avoit craint : l'amertume de cette perte fut affreuse. L'impression de douleur et d'effroi qu'éprouva ma sœur fut terrible ; celle de ma mère étoit accompagnée de la paix que le sentiment de la droiture de son cœur lui donnoit toujours, lorsque l'incertitude de son esprit ne la troubloit pas.

Cependant, occupées uniquement l'une et l'autre de cette juste et profonde douleur et des soins qu'elles pensoient devoir à ma grand'mère, prévenues d'ailleurs en faveur de Paris, elles rentrèrent de nouveau dans ce gouffre et s'y fixèrent malgré mes instantes prières.

Le fatal decret du 17 Septembre, 1793 suivit de près leur rentrée à Paris. On apprit peu après que mon père étoit sorti de France, et quoique ma mère fût loin de voir le danger tel qu'il étoit, ce fut un grand sujet de repos.

On arrêta ma mère et ma sœur les premiers jours d'Octobre, les laissant à l'Hôtel de Noailles avec des Gardiens, ce qui me parut, par leurs lettres, les effrayer très-peu.

Ce n'est pas de moi que je parle ici, et je n'essayerai pas d'exprimer de quelle horreur j'étois saisie, lorsqu'après cette arrestation, les lettres retardoient quelques momens d'arriver à Chavaniac.

Elles continuoient cependant de correspondre avec moi et ne songeoient qu'à me rassurer, tant sur les dangers de leur position, que sur ce que ses détails avoient de de pénibles.

Il leur étoit permis de recevoir un petit nombre d'amis : Madame de Menou, nièce de ma mère, qu'elle aimoit beaucoup, alloit souvent les voir : Monsieur Lobinhes son Médecin dînoit souvent avec elles, mais surtout les trois enfans de ma sœur, et les soins qu'elles leur donnoient faisoint la plus constante occupation et le charme de tous leurs momens, dans cette première époque de leur captivité. Monsieur Grellet,

Instituteur de ces chers enfans, regardé par elles, à si juste titre, comme leur frère aîné, étoit pour ces deux mères une consolation et une ressource selon leur cœur : il sentoit le prix de cet heureux partage, et se livroit à ses sentimens avec ce dévouement si supérieur encore au plus grand courage et qui nous eût coûté sa vie, si les vœux de celles qui s'immoloient elles mêmes n'eussent été exaucés de Dieu comme par miracle, au moment du plus affreux péril. C'est à son industrie, à son activité et à ses soins qu'elles dûrent les visites du courageux Mr. Carrichon qui, à cette première époque de leur captivité, en s'exposant lui-même, leur apportoit tous les secours de la Religion. Jésus-Christ venoit les consoler, les fortifier, les préparer, par sa présence, à leur sacrifice. . . . Les précautions qu'exigeoit la correspondance à cette époque m'ont empêché de savoir tous ces détails par leurs lettres.

Je fus moi-même, un mois après, prisonnière à Brioude, et les difficultés se multiplièrent pour correspondre : voici le peu de circonstances que j'ai pu recueillir. Alfred fut assez malade et presque toujours languissant. Alexis se développoit, et tous deux étoient chaque jour, s'il est possible, plus tendrement aimés. Euphémie étoit d'une sensibilité pour sa mère dont on voit peu d'exemple à quatre ans. La vie de leur intérieur étoit douce : ma mère seulement étoit très-agitée par toutes les inquiétudes qui lui étoient habituelles. Elles donnoient à ma grand'mère des soins très-assidus, et cet exercice continuel de tous leurs devoirs mettoit la paix au fond de leurs cœurs.

Il suffit d'avoir connu ma mère, pour juger qu'au milieu de tant d'angoisses, elle goûtoit encore une douceur infinie à s'occuper de ses petits-enfans, à graver dans leur cœur les principes où se trouvent toutes les ressources, à en voir, dans la plus tendre de ses filles, les effets surnaturels, et à bénir, du fond de l'abyme, cette Miséricorde qui étoit toute son espérance, pour ses enfans et ses petits-enfans.

Les persécutions se multiplioient chaque jour. On vint faire aux détenus des questions sur leurs actions et leurs pensées ; les réponses de ma mère et de ma sœur étoient préparées, et elles répondirent avec cette droiture et cette délicatesse de jugement et de conscience dont elles ne se sont jamais écartées. Les *Interrogateurs*, cette fois, furent polis, et il ne leur arriva aucun mal.

On vint faire l'inventaire de tout ce qui leur appartenoit : ma mère craignit qu'on ne lui demandât de faire serment qu'elle n'avoit rien caché, et mit en chaîne de montre, à son côté, ce qui lui restoit de diamans : on ne les prit pas : elle les vendit le jour même à un Jouailler qui lui remit aussitôt l'argent nécessaire pour payer le peu de dettes qu'elle avoit : le reste du payement qu'on devoit lui faire fut perdu, parce que le Jouailler périt le lendemain, et elle restèrent ne possédant plus rien au monde, si ce n'est quelques vieux chiffons de ma sœur qui furent vendus, et tout ce que possédoit Mr. Grellet qui faisoit avec elles bourse commune et de qui il étoit doux de recevoir. Cette pauvreté extrême et toutes ses suites mériteront à peine d'être comptées au milieu de tant d'autres maux.

Chaque jour de nouveaux serremens de cœur ; chaque jour on apprenoit quelque nouvelle désastreuse. Les gens d'affaire de mon père étoient tous arrêtés ; le Régisseur de Tingry périt par Joseph le Bon. Enfin on voulut assassiner le Parlement, et Mr. de Saron, beau-frère de ma mère périt le jour de Pâques, 1794.

Il y avoit long-temps qu'on avoit commencé d'immoler des femmes ; on avoit cherché des prétextes ; mais ma mère et ma sœur n'en offroient aucun ; elles étoient encore loin de penser sérieusement qu'elles fussent personellement ménacées : mais leur cœur étoit préparé à tout, et elles demandoient déjà à Monsieur Carrichon s'il auroit le courage de les accompagner au supplice. Enfin vers le mois de Mai, on les renvoya de l'Hôtel de Noailles ; elles avoient loué un autre logement. Quelques démarches qu'elles firent au sujet de leurs meubles firent songer à elles ; et après les avoir promenées trois jours à la porte de diverses prisons de Paris, on les conduisit à celle du Luxembourg qu'elles avoient préférée pourtant à celle de Port Libre, ci-devant Couvent de Port-Royal. Je sais que ma mère y arriva remplie de courage, et bien plus calme qu'elle ne l'étoit depuis long-temps, quoique les séparations d'avec les enfans eussent été déchirantes.

Je sais que, peu de temps après Monsieur Grellet qui s'étoit ménagé, à travers mille obstacles, les moyens de correspondre avec elles, leur apprit tout ce qu'elles avoient à craindre, et que le dernier sacrifice fut consommé, par une acceptation volontaire, avant de le l'être par la férocité des Monstres. Je sais qu'un St. Prêtre, dans la même Prison, les aidoit avec une ferveur admirable. Je sais que les soins dûs à ma grand' mère les occupoient sans cesse, et que ma mère, au milieu des souffrances morales et physiques de ce séjour, étoit encore quelquefois troublée par les tourmens qui tenoient à son caractère. Malgré tout ce qui l'accabloit à la fois, rien de ce qui lui étoit cher n'étoit oublié. Elle recommandoit Melle. Aufroy dans ses billets, exhortoit avec détail, cette petite Femme de Chambre, qui lui a été si fidèle, à prendre soin de sa santé.

Mon arrivée dans les Prisons de Paris dont Mr. Grellet lui ménagea le mieux qu'il pût la nouvelle, fut pour elle le surcroit de douleur le plus cruellement senti, et sa sollicitude maternelle trouva les moyens de me faire parvenir des conseils de prudence.

Enfin, après avoir vu périr autour d'elle presque toutes les victimes qu'on avoit entassées dans cette Prison, et ceux qui lui tenoient de plus près, on vint la chercher pour la Conciergerie, c'est-à-dire pour la mort, elle, sa belle-mère et sa fille. Son habitude des soins que la charité inspire étoit si forte, et son âme restoit tellement dans son assiette à un pareil moment, qu'elle prit des précautions pour dissimuler cette horrible nouvelle Madame d'Orléans chez laquelle se trouvoit ma sœur, parce que l'état de santé où elle étoit, rendoit un saisissement dangereux pour elle.

Je devrois réunir ici tout ce que j'ai pu recueillir aussi de cet Ange dont la fonction a été de la soutenir et de lui rendre, à ce dernier moment, tout ce qu'elle avoit reçu par elle ; mais je parlerai de ma sœur dans un autre écrit : c'est bien assez pour mes forces de rappeler ici ce que j'ai appris de ma mère.

Elle arriva à la Conciergerie excédée de fatigue. Monsieur Grellet s'étoit rendu au Caffé voisin du Guichet, et avoit trouvé le moyen de dire quelques mots à ma sœur, mais n'avoit pu que recevoir en esprit la bénédiction de ma mère.

Dépouillées de tout, elles eurent à peine de quoi se procurer à chacun un verre d'eau de groseille, et d'autres personnes qui étoient dans ce Cachot préparèrent un seul grabat pour elles trois. Ma mère étoit abattue, et ne pouvoit encore croire à la certitude du crime qui se préparoit. Elle se coucha, et engagea ma sœur avec instance à se coucher près d'elle ; ce qu'elle fit par complaisance, pour quelques instans. Ma mère un peu ranimée le lendemain, vit plus clairement son sort, montra un grand courage, parla tendrement de ses petits-enfans, et pria les prisonniers qui étoient là de se charger de sa montre ; c'étoit la dernière chose, disoit-elle, qu'elle pût leur envoyer. Elle prit du chocolat, et fut appelée ensuite pour l'horrible jugement, après avoir vu quelque temps Mesdames de Boufflers. On dit que ma sœur fit encore sa toilette au Palais, et qu'elle sentoit encore le bonheur de la servir, puis la soutenoit en disant : *Courage, maman, il n'y a plus qu'une heure.*

Mais je ne sais de positif que ce que m'ont dit Messieurs Carrichon et le Brun ; ils obtinrent du Ciel la force de les suivre au lieu du supplice Monsieur Carrichon les rencontra dans le chemin ; ma sœur le reconnut, et avec une sérénité sans exemple, elle le fit remarquer à ma mère qui sembloit agitée, et qui, calmée par tout ce qui l'occupoit en ce moment, recueillit et retrouva toute ses forces, et en reçut de nouvelles par la Grâce de cette Absolution qui achevoit de purifier les victimes. Depuis ce moment jusqu'au dernier, elle ne songea plus à la terre : et pendant trois quarts d'heure qu'elle attendit ce dernier moment, elle ne cessa de prier avec un recueillement et une ferveur où la résignation d'une victime étoit frappante. Messieurs le Brun et Carrichon en furent témoins jusqu'à la fin, et revinrent chez eux avec les dispositions du Centenier revenant du pied de la Croix. Celui qui s'y est immolé pour nous, et qui a rendu leurs dispositions si conformes aux siennes, permettra que nous appliquions en particulier à cette mort ce qui est dit du Sacrifice de la Croix qui a sanctifié le leur : c'est-là que nous avons été enfantés une seconde fois. Telle est la consolation qui nous reste et qui nous soutient. Il me semble que l'idée de suivre des traces si chères eût changé en douceur les horreur même du dernier supplice. Je renonce à rien exprimer, parce que ce que je sens est inexprimable !

FIN.

www.ingramcontent.com/pod-product-compliance
Lightning Source LLC
LaVergne TN
LVHW020024170826
845678LV00001B/109

* 9 7 8 2 3 2 9 7 7 5 0 2 9 *